Maria Metzger

Flotte Lotte

Mit Geschichten erinnern und aktivieren

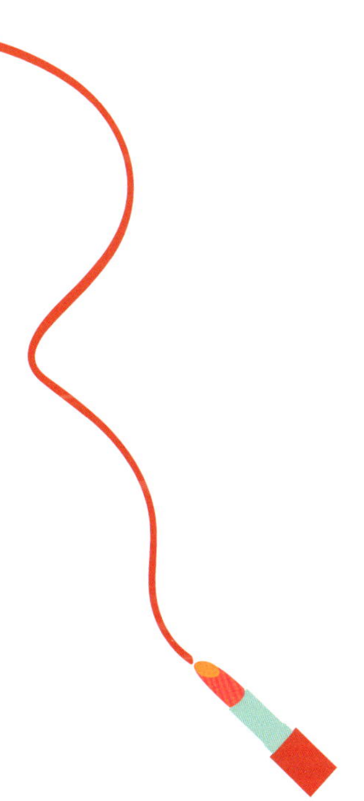

Bibliografische Information der Deutschen Nationalbibliothek

Die Deutsche Bibliothek verzeichnet diese Publikation in der Deutschen Nationalbibliografie; detaillierte bibliografische Daten sind im Internet über http://dnb.d-nb.de abrufbar.

Sämtliche Angaben und Darstellungen in diesem Buch entsprechen dem aktuellen Stand des Wissens und sind bestmöglich aufbereitet.
Der Verlag und der Autor können jedoch trotzdem keine Haftung für Schäden übernehmen, die im Zusammenhang mit Inhalten dieses Buches entstehen.

Besuchen Sie uns im Internet: www.www.altenpflege-online.net

Foto Titelseite: Ljupco Smokovski, margolana AdobeStock composing
Illustrationen. margolana, Adobe Stock
Druck: QUBUS media GmbH, Hannover

ISBN 978-3-7486-0431-0

Maria Metzger

Flotte Lotte

Mit Geschichten erinnern und aktivieren

Jetzt Code scannen und mehr bekommen …

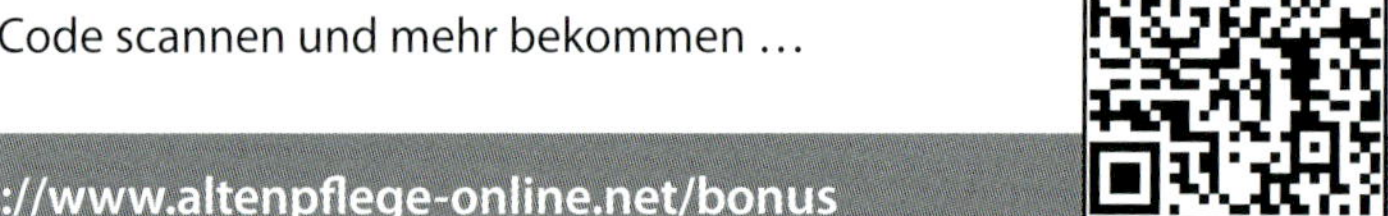

Ihr exklusiver Bonus an Informationen!

Ergänzend zu diesem Buch bietet Ihnen *Altenpflege* Bonus-Material zum Download an. Scannen Sie den QR-Code oder geben Sie den Buch-Code unter www.altenpflege-online.net/bonus ein und erhalten Sie Zugang zu Ihren persönlichen kostenfreien Materialien!

Buch-Code: AH1256

Inhalt

Liebe Leserinnen und Leser,

„Flotte Lotte", worauf der Name bereits hindeutet, ist ein Aktivierungsbuch, welches in Damenrunden sehr erfolgreich eingesetzt werden kann. Die Begebenheiten in den Kurzgeschichten haben die Frauen so oder in ähnlicher Form in ihrem Leben vielleicht schon einmal erlebt.

Die biografischen Themengeschichten führen die Zuhörer zurück in die Welt der 50er- und 60er-Jahre. **Wirtschaftswunderzeit, Tupperparty, AVON Kosmetik, Minirock und Tupfenkleid, Berufsausbildung, Hochzeit oder Tanzstundenerlebnisse** sind prägende Ereignisse. In diesen Jahren hat sich im Leben der jungen Frauen sehr viel entwickelt und die Weichen für das spätere Leben wurden hier gestellt.

Die Themen spielen ganz bewusst in diesem Zeitraum, denn immer häufiger sind in den Aktivierungsrunden auch Frauen, die deutlich jünger sind. Gerade diese haben während ihrer jungen Jahre sehr viel erlebt und blicken mit Freude und Stolz auf diese Zeit zurück. Wie aufregend war es doch, den ersten Lippenstift zu besitzen und diesen dann auch bei „besonderen Anlässen" aufzutragen.

Die Geschichten wecken „schöne Erinnerungen", die zu unglaublich interessanten Gesprächen führen.

Diese Geschichten können in der **Einzelaktivierung** oder auch bei der Aktivierung „**Lebensraum Bett**" jederzeit eingesetzt werden.

Bei der **Gruppenaktivierung** in „reinen Damenrunden" sind diese Geschichten wertvolle „**Türöffner**", um die Kommunikation untereinander lebhaft zu gestalten.

Einzelne Geschichten wurden bereits in Betreuungseinrichtungen sehr erfolgreich eingesetzt, vor allem an „Frauennachmittagen" oder zu Beginn von „Kaffeekränzchen". Die biografischen Fragen, die zur Einführung in die einzelnen Geschichten dienen, öffnen bei ihren Bewohnerinnen auf besondere Art die „Schatzkiste der Erinnerungen" wodurch die Spannung auf die Geschichte enorm steigt.

Ich wünsche Ihnen mit diesen „**Frauengeschichten**" viel Erfolg und genauso viel Freude, wie den Gruppen, die seit einigen Monaten mit diesen Geschichten arbeiten.

Anmerkung
Selbstverständlich können Sie diese Geschichten auch in gemischten Gruppen einsetzen, denn auch Männer sprechen über das eine oder andere Thema gern.

Geselligkeit und ein gemütliches Miteinander sind wichtige Voraussetzungen für eine gelungene Aktivierung. Denn wie sagte bereits Marcus Valerius Martial:

„Doppelt lebt, wer auch Vergangenes genießt."

Der Kinobesuch

EINFÜHRENDE FRAGEN

- **Wie häufig sind Sie ins Kino gegangen?**
- **An welchen Kinofilm erinnern Sie sich besonders gerne?**
- **Wer war Ihr Kinoheld?**

Monika, Gabi und Petra gingen sehr gerne ins Kino. Allerdings kam das nicht sehr häufig vor, denn so ein Kinobesuch war schon ein ziemlich kostspieliges Vergnügen.

In den 60er-Jahren bezahlte man für das Ticket zwischen 1,50 Mark und 5,50 Mark und das konnten sich die drei Freundinnen nicht oft leisten. Besonders teuer wurde es, wenn der Film dann auch noch eine „Überlänge" hatte, denn das kostete 1,00 Mark Aufpreis.

Doch der Film „Dr. Schiwago", welcher 1965 die deutschen Kinos eroberte, musste unbedingt gesehen werden. Endlich an einem Samstagnachmittag um 17.00 Uhr war es dann soweit. Der Film lief bereits seit zwei Wochen im Kino Capitol in der Stadt und alle sprachen von diesem besonderen Film aus Amerika, der fünf Oscars bekam. Da wurde es natürlich Zeit, dass die drei Freundinnen gemeinsam eine Filmvorführung im Kino besuchten.

Sie kleideten sich besonders hübsch an diesem Nachmittag, toupierten die Haare und zogen ihre Schuhe mit den hohen Pfennigabsätzen an. Dann konnte es losgehen. Pünktlich um 16.30 Uhr trafen sie sich vor dem Kino, vor dem sich schon lange Warteschlagen gebildet hatten. Unter den Wartenden standen auch zahlreiche Jungs aus der Stadt. Während die Freundinnen warteten, bis sie endlich an der Kinokasse angekommen waren, konnten sie den einen oder anderen Blick mit den flotten Jungs austauschen. Wollten die etwa

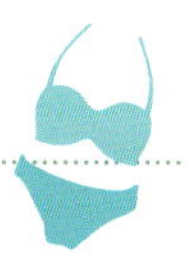
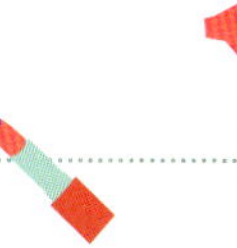

auch in diesen „Frauenfilm“? Während die Mädchen sich darüber Gedanken machten, entdeckten sie die Werbeplakate für den Western „Spiel mir das Lied vom Tod“. Dann wurde ihnen schnell klar, warum an diesem Nachmittag auch so viele Männer in der Warteschlange standen.

Endlich waren die Mädchen an der Reihe und jede kaufte sich eine Eintrittskarte der mittleren Preiskategorie für 3,50 Mark. Was dann kam, war ziemlich peinlich. Die strenge Dame, welche an der Kasse saß, wollte doch tatsächlich von allen drei Mädchen den Ausweis sehen. So eine Gemeinheit, sie waren alle schließlich schon 16 Jahre alt und hatten somit das vorgeschriebene Mindestalter erreicht.

Mit der Kinokarte in der Hand, die eine kleine Abreißkarte war, begaben sie sich nun in Saal zwei. Hier war es ziemlich dunkel und ihre Augen mussten sich zuerst an die Dunkelheit gewöhnen. Wie gut, dass die Platzanweiserin mit der Taschenlampe die Freundinnen zu ihren Plätzen, die etwa in der Mitte der plüschigen Stuhlreihen waren, begleitete. An der mitternachtsblauen Decke leuchteten bereits die Silbersterne und diese strahlten nur wenig Licht aus. Es war in der Regel so, dass man 30 Minuten vor Filmbeginn die Plätze einnehmen konnte, dann aber noch während der ganzen Zeit bis zum Beginn „Vorfilme“ liefen. Meist kam zuerst Werbung, dann Ausschnitte von zwei oder drei Filmen, die in der nahen Zukunft gespielt wurden, und danach noch einmal ein kurzer Werbespot oder ein aktueller Bericht über die Nachrichten der vergangenen Woche.

Bevor dann endlich der Hauptfilm gespielt wurde, ging noch einmal für kurze Zeit das Licht an und die Eisverkäuferin kam mit einem kleinen Wagen an den Rand gefahren, um den Zuschauern für viel Geld Eis zu verkaufen. Seit einigen Wochen gab es sogar Popcorn in der Tüte und das war eine Sensation. Die Freundinnen gönnten sich eine Tüte davon und hatten einen leckeren Knabberspaß während des Films. Danach ging das Licht aus und der purpurfarbene schwere Samtvorhang ging wie von Geisterhand auf und der Film begann.

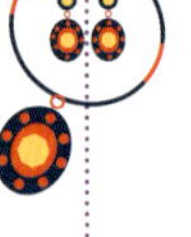

„Dr. Schiwago“ spielte im tief verschneiten Russland und der bildhübsche russische Arzt „Dr. Schiwago“ wurde von Omar Sharif gespielt. Was für ein schöner Mann. Es begann mit seiner Kindheit, denn im Alter von fünf Jahren wurde er Vollwaise und von Pflegeeltern aufgezogen. Zum Dank heiratete er dann später, während er Medizin studierte, die Tochter dieser Familie. Doch wie es im Film häufig geschieht, verliebte er sich in die hübsche junge Lara, die von Julie Christie, ebenfalls einer amerikanischen Filmschauspielerin, gespielt wurde. Der Film spielte während des 1. Weltkrieges und der Oktoberrevolution in Russland. Er war so dramatisch aber auch spannend und natürlich waren die Liebesszenen unendlich traurig, sodass die Mädchen häufig ihre Taschentücher benutzten, denn die Tränen liefen pausenlos über ihre Gesichter. Es war ein richtiger Herz-Schmerz-Film. Obwohl er über drei Stunden lief, verging die Zeit sehr schnell. Schade nur, dass der Western, der von so vielen jungen Männern besucht wurde, schon 40 Minuten vorher zu Ende war, sodass sie einander nicht mehr treffen konnten.

Als die Freundinnen das Kino verließen, war es schon dunkel geworden. Auf dem Heimweg sangen sie die bekannte Filmmelodie von diesem Film „Weißt du wohin“, die auch als „Laras Lied“ bekannt wurde. Das Lied wurde von Ivan Rebroff 1967 und später von Karel Gott gesungen. Das bekannte Orchester von James Last spielte es auf eine ganz andere Art und es lief in den 60er- und 70er-Jahren häufig im Radio.

Monika kannte sich bei den verschiedenen Filmen der 60er-Jahre aus, denn sie besuchte mit ihrer Patentante häufig Kinovorstellungen. Deutsche Filme mit Katharina Valente, wie zum Beispiel „Bonjour Kathrin“, Filmstars wie Liselotte Pulver in „Kohlhiesels Tochter“ oder Uschi Glas und Hansi Kraus mit den „Paukerfilmem“ waren allen bekannt.

Gabi schwärmte von Filmen mit Heinz Erhard wie zum Beispiel „Drei Mann in einem Boot“ und „Der letzte Fußgänger“. Oder von Filmen mit Peter Alexander wie „Charlies Tante“ oder „Hurra die Schule brennt“, in dem Heintje der große Kinderstar mitspielte. Auch die Heimatfilme mit Rudolf Prack und Marianne Koch wie „Grün ist die Heide“ oder „Der Landarzt“ waren sehr beliebt.

Petra dagegen liebte Kinofilme wie „Frühstück bei Tiffany“ mit Audrey Hepburn, „Das Schweigen“ mit Ingmar Bergmann oder „Große Freiheit Nr. 7“ mit Ilse Werner und Hans Albers.

Nicht zu vergessen, alle drei Freundinnen schwärmten von den Winnetou-Verfilmungen mit Pierre Brice und Lex Barker.

So ein Kinobesuch war immer etwas ganz Besonderes und da dieser nur sehr selten stattfand, freuten sich die Mädchen schon wieder auf die nächste Vorstellung.

Der Zopf muss ab

EINFÜHRENDE FRAGEN

- Was für eine Frisur haben Sie in jungen Jahren getragen?
- An welche „Modefrisur“ erinnern Sie sich besonders?
- Wer hat Ihnen früher die Haare geschnitten?

Helga hatte wunderschönes, braunes Haar und hat sich daraus jeden Morgen einen langen, dicken Zopf geflochten. Jetzt war sie bereits in der Lehre und viele ihrer Freundinnen trugen moderne Kurzhaarfrisuren. Wie sehr wünschte sich Helga auch so eine freche Frisur. Ihre Mutter allerdings hatte ihr das immer verboten, denn auch sie liebte Helgas langes Haar.

Jetzt, nachdem Helga ihr eigenes Lehrgeld verdiente, konnte sie den Friseurbesuch selbst bezahlen. Da fasste sie einen Plan. Der lange Zopf musste ab – aber darüber würde sie kein Wort verlieren. Mutter würde sofort versuchen, es ihr auszureden.

Helga und Bettina, ihre beste Freundin, gingen am Samstagmorgen zum nahegelegenen Friseursalon Hilda. Dieser Salon war bekannt für die flottesten Schnitte und die gewagtesten Haarfarben. Bettina, die von Natur aus blond war, trug ihre Haare wie Marilyn Monroe und das sah total aufregend aus.

Sie betraten gemeinsam den Salon und nahmen auf den Kunstlederstühlen in dem Wartebereich Platz. Es roch unbeschreiblich gut hier, denn den Geruch von Shampoo und Haarspray liebten die Mädchen. Alle Mitarbeiterinnen trugen hellblaue Kittelschürzen aus Nylon und hatten sehr ausgefallene Frisuren und besonders auffallende Haarfarben.

Bettina kannte den Ablauf ganz genau und drückte Helga sofort ein dickes Ringbuch mit vielen Fotos von Models, die die neusten Haarkreationen trugen, in die Hand.

Was für eine Frisur würde ihr wohl stehen? Vielleicht so eine wie Audrey Hepburn trug? Sie hatte dunkelbraune Haare, die meist sehr kurzgeschnittenen waren. Ihr Markenzeichen war der „Pony" und dieser war entweder ganz exakt gerade und ziemlich kurz oder sogar schräg geschnitten. Oh je, dazu fehlte Helga aber der Mut, denn am Montag mit einem schrägen „Pony" in das Geschäft zu gehen, das konnte sie sich absolut nicht vorstellen. Besonders gut gefiel ihr auch die Lockenpracht von Sophia Loren, doch dazu fühlte sie sich dann doch noch zu jung.

Jetzt kam Frau Haug, die Chefin, und nahm sie mit zu ihrem Platz. Da saß Helga nun. Bieder mit ihrem dicken Zopf und blickte in den großen Spiegel, der vor ihr an der Wand hing. Jeder Friseurstuhl konnte mithilfe eines Fußpedals in der Höhe verstellt werden und an jedem Platz hing eine große rosarote Trockenhaube von der Decke herab. Frau Haug öffnete Helgas Zopf, kämmte ihre langen Haare mit einer Rosshaarbürste glatt und war total begeistert von der Haarstruktur. „Da zaubern wir dir eine richtig flotte Frisur, mein Mädchen", sagte Frau Haug. Sie hatte ihr zuerst einen Bob vorgeschlagen, denn der war jetzt sehr in Mode. Doch Helga hatte sich auf eine Kurzhaarfrisur eingestellt und mit ihren leichten Naturwellen war das sicherlich gut umzusetzen. Die Farbe wollte sie nicht verändern, denn ihr Braunton gefiel ihr gut.

Frau Haug machte den Vorschlag, dass sie ihr zuerst wieder einen dicken Zopf flechten und diesen dann abschneiden würde. Dann könnte sie den Zopf mit nach Hause nehmen, um daraus vielleicht irgendwann ein Haarteil machen zu können. Was für eine tolle Idee!

Jetzt ging es los. Das Lehrmädchen band ihr einen großen, geblümten Umhang aus Nylon um, damit Helgas Kleidung geschützt wurde. Danach wurde um ihren Hals ein weißes Kreppband gelegt, damit beim Schneiden keine Haare in den Ausschnitt fallen konnten – das war ein ungewohntes Gefühl. Danach musste sie sich in der Mitte des Salons an ein Waschbecken setzen, bei dem man die Haare nach hinten, über den Hinterkopf waschen konnte. Das war viel angenehmer, als die „Über-Kopf-Methode". Die Haare wusch Klara, das Lehrmädchen, und die war sehr gründlich. Zweimal wurden die Haare

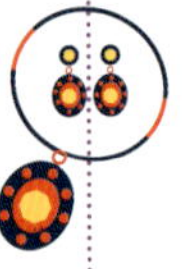

mit duftendem Shampoo gewaschen. Das Shampoo kam aus einer großen Flasche auf der „Wella“ stand. Anschließend wurden die Haare zuerst mit einem Handtuch und dann mit der Trockenhaube getrocknet. Helga war etwas verwundert, denn als ihre Haare vollständig getrocknet waren, kam Frau Haug, um ihr persönlich einen sehr gleichmäßigen Zopf zu flechten. Helga traute sich gar nicht zu sagen, dass sie doch die Haare geschnitten haben möchte. Doch dann band Frau Haug den Zopf an zwei Enden ab und sagte zu dem überrascht dreinschauenden Mädchen: „Jetzt aber, Helga, bist du bereit, den Zopf abzuschneiden?“ Diese antwortete: „Natürlich, deshalb bin ich ja hier“ und schon hörte sie das Geräusch der Schere und „Schnipp, schnapp“ war der lange Zopf ab. Dieser wurde jetzt in einen Schuhkarton gelegt und das war für Helga ein sehr gutes Gefühl. Keine Sekunde trauerte sie ihren langen Haaren hinterher.

Nun kam das Frisurenbuch zum Einsatz. Helga zeigte Frau Haug den Kurzhaarschnitt, der ihr sehr gut gefiel, und zusätzlich das Model mit dem „Bob“, den sie ihr vorgeschlagen hatte.

Frau Haug griff mit beiden Händen in Helgas feuchte Haare, um die natürliche Wuchsrichtung zu erkennen. Dabei waren die Naturwellen deutlich zu sehen. Auch Frau Haug, die erfahrene Friseurmeisterin konnte sich nun eine flotte Kurzhaarfrisur gut vorstellen. Jetzt ging es los. Die „flinke Schere“ kam zum Einsatz und immer mehr von Helgas braunen Haarsträhnen lagen auf dem Boden – das war ein komisches Gefühl. Die Haare wurden immer kürzer, aber dann hielt Frau Haug inne und kämmte mit einem Strahlen im Gesicht, die geschnittenen Haare. Ein Lehrmädchen musste die ganze Zeit danebenstehen, um der Chefin bei ihrer Arbeit mit der Schere zuzusehen. Im Anschluss kam dann die Trockenhaube zum Einsatz, um die Haare für zehn Minuten zu trocknen. In dieser Zeit wurden die auf dem Boden liegenden Haare sauber und ordentlich zusammengekehrt und in den großen Plastikeimer mit der Aufschrift „HAARE“ gekippt.

Mit einem lauten Klingelton zeigte die Trockenhaube an, dass die Zeit um war und Frau Haug kam wieder, um Helgas Haare in Form zu föhnen. Allerdings musste diese noch etwas warten, denn Frau Haug war gerade bei Frau Müller, um ihr auf ihre grauen Haare einen leicht violetten „Farbfestiger“ aufzutragen. Helga kannte Frau Müller gut, denn sie war ihre Nachbarin. Über den violetten Farbton in ihren Haaren hatte sie sich schon immer gewundert,

doch jetzt war es ihr klar. Schade, wo sie doch so glänzende graue Haare hatte, die ohne diese unnatürliche Farbe sicherlich viel schöner ausgesehen hätten. Dann aber war Helga wieder an der Reihe. Frau Haug föhnte ihre von Natur aus gewellten Haare zu einer super flotten Kurzhaarfrisur – Helga war total begeistert. Jetzt sah sie viel erwachsener aus!

Angelika das Lehrmädchen brachte Frau Haug den großen Spiegel und mithilfe von diesem konnte Helga nun ihre Frisur auch von hinten betrachten. Wow, die Frisur am Hinterkopf war ganz modern hochtoupiert worden und hatte enorm viel Volumen. Helga fühlte sich beinahe wie ein Filmstar. Zum Abschluss wurden ihre Haare mit viel Haarspray fixiert und davon bekam sie sofort einen Hustenanfall.

Nun kam auch Bettina wieder in den Friseursalon, die in der Zwischenzeit ihren Einkauf erledigt hatte, um Helga wieder abzuholen. Auch sie war total begeistert, welche Verwandlung ihre Freundin durchlaufen hatte. An der Kasse stand Herr Haug, denn nur der Chef persönlich kassierte den Betrag von 8,00 Mark ab.

Bevor Bettina und Helga nach Hause gingen, gönnten sie sich noch eine Kugel Eis in der Waffel aus der italienischen Eisdiele. Es erfüllte Helga mit großem Stolz, dass sie auf dem Nachhauseweg von zahlreichen Freunden und Bekannten auf ihre „Veränderung“ angesprochen wurde. Alle waren von ihrem neuen Haarschnitt begeistert.

Ihre Eltern mussten sich allerdings erst an ihr neues Aussehen gewöhnen. Vater sagte nur: „Mein Mädchen ist mit einem Schlag erwachsen geworden“ und Mutter hatte Tränen in den Augenwinkeln. Gefallen hat ihnen die Veränderung aber sehr gut.

Aus dem abgeschnittenen Zopf, den Helga im Schuhkarton mit nach Hause nehmen durfte, ließ sie sich nach einiger Zeit wirklich ein Haarteil anfertigen, welches sie dann bei besonderen Anlässen als Hochsteckfrisur getragen hatte.

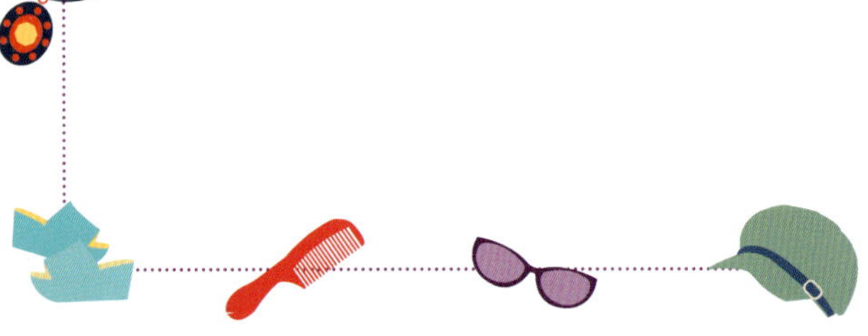

Die AVON Beraterin kommt

EINFÜHRENDE FRAGEN

- Wo haben Sie früher Ihre Kosmetik gekauft?
- Zu welchen Anlässen haben Sie sich früher geschminkt?
- In welchem Alter kauften Sie den ersten Lippenstift?

Endlich ist es wieder soweit. Es ist der erste Mittwoch im Monat und pünktlich um 15.00 Uhr klingelt Frau Schönfeld an meiner Haustür. Sie ist meine AVON Beraterin schon seit vielen Jahren und sie weiß genau was mir steht und wie ich mich besonders hübsch schminken kann, ohne mein natürliches Aussehen zu verlieren.

Ich bin Hausfrau und Mutter von drei kleinen Kindern und da hat man einfach nicht so viel Zeit, um ständig mit dem Bus in die Stadt zu fahren und dort die neuesten Kosmetikprodukte zu kaufen. Außerdem ist die Marke AVON nicht so sündhaft teuer wie die Produkte in der Parfümerie, die ich mir sowieso nicht leisten kann.

Schnell binde ich meine Schürze ab und eile zur Haustür. Frau Schönfeld steht wie immer strahlend vor meiner Tür. Ein bisschen komme ich mir schon wie Aschenputtel vor, denn sie trägt ein elegantes Kostüm, passende Schuhe, die Haare sind kunstvoll hochtoupiert und sie ist frisch und perfekt geschminkt. Mit einem strahlenden Lächeln begrüßt sie mich und sofort steigt mir ihr sehr angenehmer Parfümduft in die Nase. Ist das wohl eine neue Kreation?

Gemütlich setzen wir uns ins Wohnzimmer und sie präsentiert ihre neuesten Kosmetikprodukte auf meinem Wohnzimmertisch. In der Thermoskanne

steht schon ein frisch von Hand aufgebrühter Kaffee bereit. Das ganze Wohnzimmer duftet und Frau Schönfeld freut sich immer sehr über meinen guten Kaffee. Nachdem sie ihre Produkte platziert hat, tauschen wir uns zuerst einmal über persönliche Neuigkeiten in unseren Familien aus. Wir kennen uns mittlerweile seit mehr als sechs Jahren und da gibt es viele Gesprächsthemen, die uns beide interessieren. Dann ist aber Schluss, denn sie möchte mich ja umfassend zu ihren Produkten beraten. Zuerst fragt sie mich, ob mir etwas von meinen Pflegeprodukten ausgegangen ist oder ob ich eine Frage hätte.

Zurzeit habe ich tatsächlich ein Problem. Es ist Sommer und ich habe sehr viel Obst und Gemüse aus meinem Garten, welches verarbeitet werden muss. Dabei arbeite ich mit den Händen ständig im Wasser. Am Abend habe ich daher raue, rissige und spröde Hände. Das ist kein Problem für meine AVON Beraterin, denn heute hat sie ein Produkt für gerade diese „Problemzone“ dabei und das ist auch noch im Sonderangebot. Sie nimmt meine ziemlich strapazierten Hände in ihre samtweichen Hände und trägt ihre neue Handcreme auf meinem Handrücken auf. Zarte, kreisende Bewegungen massieren die Creme in Hand und meine Finger ein. Das tut gut – ich spüre schon durch dieses Eincremen, dass meine Haut die Inhaltsstoffe förmlich aufsaugt. Selbstverständlich bestelle ich diese Handcreme. Und am besten, so erklärt sie mir, sollte ich sie im Doppelpack kaufen, denn das gibt es heute zum Vorzugspreis. Prima, dann habe ich doch tatsächlich schon wieder ein bisschen gespart.

Als Nächstes zeigt sie mir die neuesten Lippenstift Kreationen. Zuerst bin ich etwas skeptisch, denn Lippenstift benutze ich nur selten und wenn, dann nur am Sonntagnachmittag, wenn wir zu Oma zu Besuch fahren. Ich zögere noch ein wenig, aber bei Frau Schönfeld sieht so ein dezenter Lippenstift einfach sehr apart aus. Sie erklärt mir, dass nur ein kleiner Hauch genügen würde, um meine Lippen, die eine wunderschöne Form hätten, zu betonen. Ja, wenn die Fachfrau das sagt, dann hat es wohl auch seinen Sinn. Ich bestelle die Farbe Nummer 43 und das ist ein kräftiges Korallenrot. Frau Schönfeld trägt mir gleich einmal etwas auf meine Lippen auf. Ich blicke etwas skeptisch in ihren mitgebrachten Handspiegel, denn so viel Farbe auf meinen Lippen ist ziemlich ungewöhnlich. Doch sie meinte, es würde mir sehr gut stehen.

Als Nächstes zeigt sie mir die neue Seifenkollektion. Es sind kleine „Gästeseifen“, die man am kleinen Waschbecken in der Gästetoilette auslegen, in den

Schrank zwischen die Bettwäsche platzieren oder auch als kleine Gastgeschenke mitbringen kann. Sie sind immer in Dreier-Geschenkkartons verpackt und diese sind heute ebenfalls zum Sonderpreis zu erwerben. Auch davon bestelle ich zwei Packungen.

Anschließend präsentiert sie mir ihre zarten Pudertöne für die Wangen. Sie sieht mir an, dass ich zurzeit doch etwas überlastet bin und meinte, ein wenig „Wangenrot" würde mich sicherlich gleich viel frischer und attraktiver aussehen lassen. Welche Frau möchte nicht besser aussehen? Frau Schönfeld trägt auch dieses Produkt gekonnt auf meine Wangenknochen auf und hält mir noch einmal ihren „Zauberspiegel" vors Gesicht. Tatsächlich, ich sehe gar nicht mehr so müde und fertig aus, denn ein natürlich zarter Pfirsichton erhellt und erfrischt mein Gesicht. Da wird mein Mann Rudi heute Abend aber Augen machen, wenn er von der Arbeit nach Hause kommt. Auch dieses Wunderteil bestelle ich gerne.

Eigentlich wollte ich ja ein neues Parfüm kaufen, doch irgendwie plagt mich jetzt doch mein schlechtes Gewissen, weil ich schon zu viel bestellt habe. Diesen Wunsch muss ich bis zum nächsten Besuch zurückstellen, aber das ist gar nicht schlimm, denn Frau Schönfeld besprüht mich gleich heute mit der neuesten Duftkreation „Flieder" und der riecht betörend. Außerdem nimmt sie nun aus ihrem großen Präsentationskoffer noch zwei weitere Parfümproben und einige kleine Probepackungen mit Creme heraus. Das bekomme ich am Ende der Beratung immer. Das ist praktisch, denn dann kann man Produkte testen und weiß beim nächsten Besuch bereits, was man kaufen möchte. Außerdem sind die Flacons von AVON immer so dekorativ. Ich stelle diese, wenn sie leer sind, immer bei mir in der Gästetoilette gleich neben dem Klopapierhütchen auf der Ablage auf. Das sieht so apart aus.

Frau Schönfeld notiert meine Bestellung von der Handcreme, dem Lippenstift, dem zarten Wangenpuder und den Seifenpackungen und verspricht, die Lieferung am kommenden Mittwoch zur selben Zeit bei mir vorbei zu bringen. Dann packt sie alles wieder zusammen und wir verabschieden uns herzlich. In unserer Straße besucht sie beinahe jedes Haus und wir Frauen wetteifern schon ein wenig, in wessen Bad die meisten AVON Produkte stehen.

Als meine Familie etwas später nach Hause kam, war ich gespannt, ob sie meine besondere „Verwandlung" bemerken würde. Die Kommentare waren

allerdings nicht so, wie ich es mir gewünscht hätte. Die Kinder meinten, ob ich heute schon mit den Faschingsfarben gearbeitet hätte und mein Mann meinte, er würde mich „nicht so angestrichen“ viel natürlicher und schöner finden. Na ja, ich denke, die werden sich schon noch an eine „moderne, flotte Mama“ gewöhnen!

Die Hausparty

EINFÜHRENDE FRAGEN

- **Welche Köstlichkeiten haben Sie bei Festen gekocht oder gebacken?**
- **Was fällt Ihnen zum Begriff „Bowle" ein?**
- **Wie sah Ihre Kellerbar aus?**

Bei uns im Haus wurden zahlreiche Partys gefeiert. Geburtstage, Silvester, Jubiläen oder einfach Feste mit Freunden. Wir hatten immer sehr gerne Gäste. Mein Vater baute einen großen Kellerraum zum Partykeller um – das war schon eine tolle Sache. Zuerst wurden zwei Kellerräume „entrümpelt", die Wand herausgebrochen und dann ging es an den Innenausbau. Den ganzen Winter über war Vater im Keller, um den Umbau nach seinen und Mutters Wünschen zu gestalten.

Aus Holzbrettern, die er beim nahegelegenen Sägewerk zuschneiden ließ, baute er eine große Bar, die das Herzstück bildete. Hinter der Bar baute er einen Kühlschrank und einen Spültisch ein. Die Arbeitsplatte war aus Resopal.

Den Boden legte er mit quadratischen grünen Nadelfilzplatten aus – die waren strapazierfähig und man konnte diese, falls Flecken auf dem Boden entstanden waren, auch einmal austauschen. Sogar richtige hohe Barhocker baute er – das war das Schönste für uns Kinder. Die Wände wurden mit groß gemusterten Tapeten beklebt, die sehr modern in den Farben Braun und Orange gestaltet waren.

Die Lampen hingen nicht von der Decke herunter, so wie es in unserer Wohnung üblich war, nein, es waren Strahler, die die Wände anstrahlen oder auf bestimmte Raumabschnitte gerichtet werden konnten. Zudem konnte man die Farben der Glühbirnen auswechseln und somit erstrahlte der Raum auch in Grün, Orange oder Gelb. Die Sitzgelegenheiten bestanden aus alten Sesseln

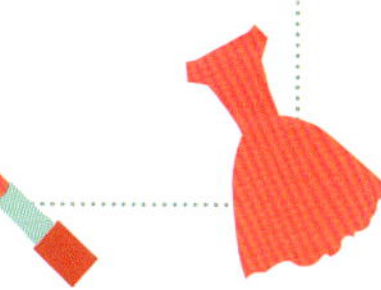

und einem ausrangierten Sofa, die Vater mit einem roten Stoff aus Plüsch bezogen hatte. Vater war ein wirklich begabter Handwerker.

Mutter war für die Innenausstattung zuständig und sie organisierte zahlreiche Tassen, Teller, Besteckteile und verschiedene Dekorationen. Es sah fantastisch aus.

Kurz bevor der Partyraum eingeweiht wurde, wurde uns ein großes, schweres Paket von einer Spedition angeliefert. Zwei starke Männer trugen es direkt in den Partykeller. Vater kam an diesem Tag schon viel früher als sonst von der Arbeit nach Hause. Neugierig versammelte sich die ganze Familie vor diesem großen Paket. Die Spannung war groß!

Vater nahm sein großes Taschenmesser und schnitt den dicken Karton an allen vier Kanten auf. Hervor kam ein blau-rot-silbern glänzendes Gerät. Völlig unbekannt für uns, denn wir konnten uns absolut nicht vorstellen, welche Funktion es haben könnte.

Vaters Augen strahlten, denn es war eine Musikbox. Diese „Jukebox“, wie sie auch genannt wurde, war mit Schallplatten bestückt und wenn man 20 Pfennige einwarf, konnte man auf einem Knopf drücken, es erschien eine lange Liste mit Titeln und daraus konnte man sich ein Lied aussuchen. Dieses wurde dann gespielt.

Die Auswahl der Lieder bestand aus italienischen Schlagermelodien wie „O sole mio“, Partyhits, wie „Es gibt kein Bier auf Hawaii“, oder aus deutschen Schlagern, wie „Am Sonntag will mein Süßer mit mir segeln gehn“. Mutter traten vor Freude die Tränen in die Augen, denn da waren all ihre Lieblingslieder dabei. Mit vereinten Kräften schoben wir dieses schwere Teil an seinen Platz.

Jetzt war alles vorbereitet und die erste Hausparty konnte gefeiert werden. Wir luden Freunde, Nachbarn und Verwandte ein und alle sagten sofort begeistert zu, denn einen Partykeller hatte bisher noch niemand von ihnen. Am Samstag um 17.30 Uhr konnte die Einweihung beginnen. Wir Kinder halfen unseren Eltern, den Raum mit Luftschlangen, Lampions und Dekorationsartikeln zu schmücken – das machte uns großen Spaß.

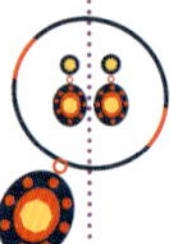

Die Frauen brachten leckere Köstlichkeiten für das kalte Buffet mit. Mutter bereitete ihren legendären Waldorfsalat aus Sellerie, Äpfeln und Walnüssen zu und wir Kinder durften Tomatenkörbchen mit Fleischsalat füllen. Meine große Schwester „schnitzte“ Mäuschen aus Radieschen und wir halfen fleißig

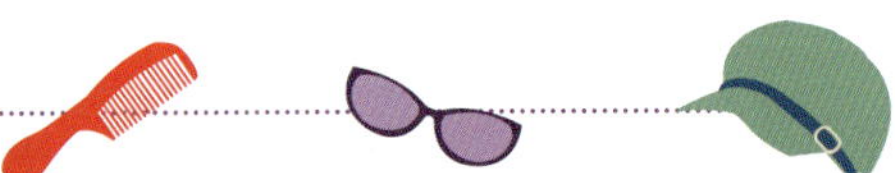

beim Bestücken des Käseigels. Der Käseigel war eine große Orange, welche mit Alufolie überzogen und dann mit Holzspießchen, auf denen Käse und Trauben aufgespießt waren, verziert wurde.

Tante Helga brachte Schinkenröllchen mit Spargel und Fleischsalat mit, Nachbarin Elfriede war bekannt für ihren Schichtsalat und was wäre ein Fest ohne Oma Emmas legendären Kartoffelsalat. Nachbarin Ingrid konnte sehr schöne Käse- und Wurstplatten gestalten und Mamas Freundin Rosi steuerte „Russische Eier" und TUC-Cracker, die mit Frischkäse bestrichen waren, bei. Mixed Pickels und Essiggürkchen, die selbst eingelegt waren, durften nicht fehlen. Kunstvoll gerollte Butterrosen und die bei uns Kindern besonders beliebten „Fliegenpilze" waren ebenfalls ein „Muss". Diese bestanden aus einem hartgekochten, geschälten Ei, auf dessen Kopf eine halbe ausgehölte Tomate platziert war. Diese wurde dann mit kleinen Tupfen aus Remoulade verziert. Auf dem kalten Buffet hatte schon beinahe nichts mehr Platz, aber der Geflügelsalat und die Käsewindbeutel von unserer Nachbarin Irmgard mussten auch noch sein.

Wie gut, dass wir unseren alten Esszimmertisch nicht weggegeben hatten, denn mit einem großen Tuch, welches bis auf den Boden reichte, eignete er sich ideal als Buffettisch.

Für die Getränke war unser Vater zuständig. Der Getränkehändler, der uns jede Woche mit Getränken belieferte, brachte einige Kästen Bier, Mineralwasser und ausnahmsweise Sinalco und Bluna mit. Natürlich gab es auch Wein und Sekt.

Wenn man in einer Kellerbar feiert, musste es auch Mixgetränke an der Bar geben. Dazu gehörten:

- Martini mit Eis
- Whisky Cola
- Apfelkorn
- Eierlikör
- Jägermeister,
- Cinzano Rosso und Bianco.

Der absolute Hit war allerdings der „Kullerpfirsich". Hierbei spießte man mit einem Zahnstocher zahlreiche kleine Löcher in einen Pfirsich, legte ihn in ein bauchiges Glas und goss diesen dann mit Sekt auf. Durch die Kohlensäure

vom Sekt drehte sich der Pfirsich fortwährend und das war damals der absolute Partyhit.

Bei uns gab es bei jedem Fest Mamas legendäre Bowle. Je nach Jahreszeit wurden Erdbeeren, Himbeeren oder Pfirsiche in einem Bowlegefäß mit ausreichend Weißwein bedeckt. Somit konnte der Alkohol gut in die Früchte eindringen. Am Abend, kurz bevor die Gäste kamen, wurde dann zusätzlich mit noch mehr Wein und Sekt aufgegossen. Zucker gab meine Mutter nicht dazu, denn das würde den Alkoholgehalt der Früchte sehr schnell steigern und die Folgen wären deutlich „spürbarer". Weil Mamas Bowle Tradition war, gab es bei uns im Haus immer zwei Bowlegefäße mit passenden Bowlegläsern, damit stets genügend Bowle zubereitet werden konnte.

Unsere Gäste kamen alle total pünktlich und die Stimmung war sofort sehr gut. Zuerst stürzten sich alle auf die Köstlichkeiten am Buffet und man prostete sich ziemlich häufig zu. Die Stimmung und der Alkoholpegel stiegen von Stunde zu Stunde. Bald schon wurde die Musikbox in Gang gebracht und dann konnte jede und jeder das Tanzbein schwingen. An diesem Abend gab es keinen einzigen „Tanzmuffel". Die Sitzgelegenheiten mussten sogar auf die Seite geschoben werden, damit man genügend Platz zum Tanzen hatte.

Vielleicht waren zu Beginn die Tänze noch etwas verhalten, doch je später der Abend wurde, umso wilder wurde auch getanzt. Wir Kinder hatten unseren Spaß, die Erwachsenen in so einem ausgelassenen Zustand zu sehen. Onkel Willis Sprache war schon etwas verwaschen und Tante Hilde konnte auch nicht mehr ganz so sicher laufen – aber alles blieb im Rahmen.

Zu späterer Stunde wurde das Buffet noch um süße Leckereien erweitert. Es gab die bekannte Götterspeise in Grün mit Vanillesauce, Pudding in kleinen Förmchen, eine Fürst Pückler Eisbombe, einen „Kalten Hund", das war ein Gebäck aus Butterkeksen und einer Creme aus Kakao, Kokosfett und Puderzucker, sowie Schwarzwälder Kirschtorte und Nussecken.

An der Bar und auf den Fensterbrettern standen kleine Schälchen mit Erdnüssen, Erdnussflips, „Fischli" und Salzbrezeln. Unvorstellbar gute Köstlichkeiten.

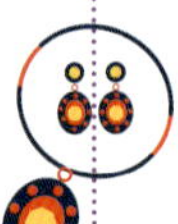

So eine Hausparty ging bis in die Morgenstunden. Alle waren total begeistert von dieser Einweihungsparty und meine Eltern mussten den Gästen versprechen, noch viele solcher Partys zu organisieren.

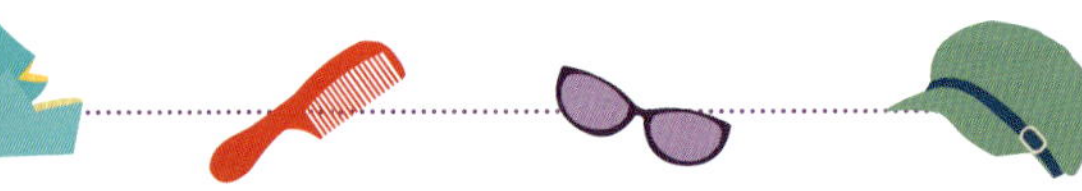

Es ging nicht immer so hoch her wie an diesem Abend. Aber es ist zu einer festen Tradition geworden, dass alle unserer Geburtstagsfeiern oder sonstige Festivitäten wie Silvesterpartys in unserem Partykeller gefeiert wurden. Im Laufe der Zeit hat mein Vater ein Fernsehgerät in die Bar gestellt und dort traf er sich auch zu besonderen Fußballspielen mit seinen Freunden.

Auch wir Kinder durften, nachdem wir größer geworden waren, unsere Partys in diesem Raum feiern, was wir immer sehr gerne getan haben. Das war ein wirkliches Highlight für uns alle.

Die knallrote Handtasche

EINFÜHRENDE FRAGEN

- Welchen Markt im Ausland haben Sie schon einmal besucht?
- Was haben Sie auf dem Markt in Italien gekauft?
- An welches „Marktschnäppchen" erinnern Sie sich besonders gerne?

Jedes Jahr im Juli fährt Familie Müller für zwei Wochen an den Gardasee nach Italien. Sie bezeichnen das kleine Städtchen Salò schon als ein Stück Heimat. Sie wohnen in einer Ferienhaussiedlung mit direktem Strandzugang zum See und haben dort einige befreundete Familien, mit denen sie sich regelmäßig treffen.

Das Highlight des Urlaubs ist der Marktbesuch in Salò. Die bunten Marktstände und die lebhaften Verkäufer bereichern den Urlaub sehr. Die Marktstände ändern sich eigentlich nie. Jeder fahrende Händler steht an seinem gewohnten Platz – nur selten sieht man ein neues, fremdes Gesicht. Frau Müller weiß genau, was sie kaufen möchte und deshalb plant sie ihren Marktbesuch immer strategisch im Voraus. Auch die beiden Kinder Herbert und Birgit wissen immer schon ganz genau, was sie kaufen werden. Papa Kurt dagegen findet diesen Einkaufstag scheußlich. Am Morgen ist es noch einigermaßen erträglich, sich durch die engen Gassen zu bewegen, doch im Laufe des Vormittags werden die Menschenmassen immer mehr und die Hitze wird beinahe unerträglich. Seiner Frau Lotte und den Kindern scheint das aber überhaupt nichts auszumachen.

Mittwoch ist Markttag. Früher fuhr am frühen Morgen die ganze Familie zum Markt, denn einen Parkplatz in dem kleinen Städtchen zu bekommen, ist gar nicht einfach. Papa Kurts Laune war an so einem Tag meist schon beim Frühstück auf dem Tiefpunkt, aber nicht heute. Denn jetzt fahren Lotte und die Nachbarin Elfi mit den Kindern alleine zum Markt. Das ist die beste Lösung, denn nun können die Frauen und Kinder so lange bummeln, wie sie möchten. Besonders praktisch ist, dass Elfi einen VW-Bus fährt, denn darin haben alle einen Platz. Das Abenteuer kann beginnen.

Durch die jahrelange Markterfahrung wissen die Frauen, wo sie einen kostenlosen Parkplatz bekommen und deshalb fahren sie immer schon eine halbe Stunde früher los. Alles läuft wie am Schnürchen. Der Parkplatz ist noch nicht so stark belegt und auf dem Weg zum Markt werden die Marktstrategien besprochen. Die Kinder kennen sich mittlerweile auch schon gut aus und dürfen zuerst alleine losziehen. Nach zwei Stunden wird ein Treffpunkt am Marktbrunnen auf der zentral gelegenen Piazza vereinbart.

Dann kann es losgehen. Die beiden Freundinnen Lotte und Elfi haben neben den eigenen Wünschen auch Einkaufsbestellungen aus der Heimat mitgebracht. Oma möchte einen neuen Stockschirm, Frau Fischer, die Nachbarin, ordert eine kleine bordeaux farbige Herrenhandtasche und für Frau Maier, die zu Hause das Haus versorgt, kauft Lotte ein schickes Halstuch. So, jetzt wären die Bestellungen abgehackt und die Frauen können ihre eigenen Wunschartikel kaufen.

Was gibt es in diesem Jahr wieder für unglaublich schöne Dinge zu bestaunen. Die italienische Schuhmode ist der deutschen einfach immer einen großen Schritt voraus!

Lotte kauft sich drei Paar Sandaletten, denn bei diesen Preisen kann sie sich das auf jeden Fall leisten. Sie sieht schon die beneidenden Blicke der Nachbarinnen von zu Hause, wenn sie im Wechsel diese Schuhe tragen würde. Wer hatte zu dieser Zeit schon rote, blaue und grüne Sandaletten und dann auch noch mit modischem Keilabsatz. Elfi kauft sich eine flotte Lederjacke – das ist der absolute Hingucker. So elegante Modelle kann man zu Hause nicht kaufen und dann auch noch zu so einem sensationell günstigen Preis. Die beiden Frauen feilschen am Preis, was das Zeug hält, und sind jedes Mal stolz, wenn sie den Preis drücken können. So einfach las-

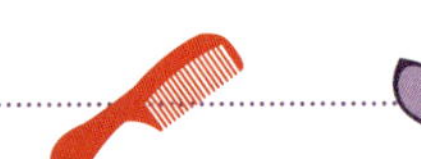

sen sie sich nicht auf den Preis der Verkäufer ein, denn schließlich haben sie ja schon viel Erfahrung.

Dieser große Einkauf ist schon ziemlich anstrengend und die Zeit verfliegt unglaublich schnell. Jetzt ist es Zeit, sich mit den Kindern am vereinbarten Platz zu treffen. Diese unternahmen ihren Streifzug durch den Markt und „melden" nun ihre Wünsche an. Nach einer „Gelatopause" – also einer Eispause - gehen die Frauen mit den Kindern durch den Markt, um deren Wünsche zu erfüllen. Das sind Fußballtrikots von internationalen Fußballvereinen für die Jungs und kurze Wildlederröckchen, Pullover und Schuhe für die Mädchen. Bei diesen Preisen werden die Wünsche großzügig erfüllt. Danach bringen die Kinder die eingekauften Waren zum Auto und vergnügen sich die restliche Zeit auf dem Spielplatz.

Der Bummel von Lotte und Elfi geht jetzt weiter. Zielgerichtet geht es zu den Handtaschen. Lotte möchte eine knallrote Handtasche für den Sommer. Vorsorglich hat sie ihrem Mann die Farbe verschwiegen, denn der hätte sie für verrückt erklärt. Elfi findet die Idee absolut perfekt. Als die beiden Frauen am Handtaschenstand angelangt sind, steht dort genau diese Handtasche. Was für ein Hingucker – diese Tasche sticht jedem ins Auge. Lotte weiß gleich, diese Tasche muss es sein! Der Verkäufer sieht sofort das Leuchten in Lottes Augen und setzt den Preis ziemlich hoch an. Das ist ein Schock, denn dieser Preis sprengt Lottes Budget völlig. Jetzt beginnen die Preisverhandlungen. Oh, die sind ziemlich anstrengend. Der Verkäufer öffnet die Tasche, weist auf die hochwertige Verarbeitung hin, betont, dass diese Tasche in Rom sicherlich das Fünffache kosten würde und bemerkt nebenbei, dass in allen internationalen Modeschauen genau dieses Modell mit auf dem Laufsteg zu sehen wäre. Das sind schlagende Argumente. Aber die beiden Frauen handeln fleißig weiter. Dann wird ihnen noch zu einem „Spezialpreis" eine farblich exakt passende rote Geldbörse gezeigt und als Krönung des Kaufs ein passender Stockschirm in rot-blauem Muster. Farblich alles aufeinander abgestimmt und super schick! Bei diesem Rundum – Paket, bleibt Lotte keine andere Wahl. Sie muss dieses auffallende Set einfach kaufen – sie war so glücklich!

Von so einem Kaufrausch lässt Elfi sich auch anstecken. Sie träumt schon lange von einer beigen Handtasche und genau dieses Traummodel steht nun vor ihr. Auch hier beginnt das gleiche Spiel wie bei Lotte. Am Ende kauft Elfi

die Tasche ebenfalls mit Geldbörse und Schirm in Beige und alles zusätzlich noch in Blau.

Aber nun plagt die beiden Frauen doch etwas das schlechte Gewissen, weil sie viel zu viel gekauft haben. Jetzt muss noch ein passendes Mitbringsel für die beiden Männer her. Elfi kauft für ihren Kurt ein Paar Lederhandschuhe für den kommenden Winter und Lotte ersteht für ihren Ulrich ein Schlüsselmäppchen.

Völlig erschöpft von den vielen Einkäufen machen sich die Frauen auf den Weg zurück zum Parkplatz, der glücklicherweise gleich neben dem Spielplatz der Kinder lag.

Daneben steht der Hähnchenwagen, der an Markttagen immer vor Ort ist. Auch das ist eine Tradition, dass an Markttagen nicht gekocht wird, sondern die Frauen gegrillte, leckere Hähnchen mit zum Ferienhaus bringen.

Die Männer bekommen immer zuerst ihre Geschenke, danach präsentieren die Kinder stolz ihre Errungenschaften und danach die Frauen ihre Einkäufe. Na ja, vielleicht zeigen die Frauen nicht alles auf einmal, denn der ganze Einkauf wäre für die Nerven der Männer vielleicht etwas zu viel geworden.

Die Tupperparty

EINFÜHRENDE FRAGEN

- **Bei wem waren Sie zu einer Tupperparty eingeladen?**
- **Wie war der Ablauf Ihrer Tupperparty?**
- **Welche Tupperware gab es in Ihrem Haushalt?**

Jutta war begeisterte Anhängerin von den praktischen Tupperdosen. Seit gut zwei Jahren verwendete sie in ihrem Haushalt dieses Plastikgeschirr und war total begeistert. Sie besuchte schon drei Tupperpartys und jedes Mal kam Sie mit neuen Errungenschaften zurück. Zugegeben, diese Schüsseln und Vorratsdosen waren nicht billig, aber Jutta konnte sich ein Leben ohne diese Küchenhelfer nicht mehr vorstellen.

Auf jeder Tupperparty wurde am Ende eine neue Gastgeberin gesucht und Jutta meldete sich gerne, denn als Gastgeberin bekam man immer ein schönes Gastgeschenk. Das kommende Geschenk für die Gastgeberin waren sechs Eisförmchen und die wollte Jutta schon lange kaufen. Das war jetzt eine tolle Gelegenheit, denn ihre Kinder würden sich sicherlich sehr darüber freuen.

Jutta hatte schon kräftig die „Werbetrommel" gerührt und zahlreiche Frauen für den Abend eingeladen. Ihr Mann Peter war nicht so begeistert davon, doch er traf sich an diesem Abend mit seinen Freunden aus der Nachbarschaft zum Skatspiel. Der Abend wäre also gerettet!

Wenn zehn Frauen zu Jutta kommen, musste das Haus auf „Vordermann" gebracht werden. Schon zwei Wochen vor dem Abend begann Jutta die Vorhänge und Stores im Wohnzimmer zu waschen, putzte die Fenster im ganzen Haus, wischte den Fußboden besonders gründlich und machte in der Küche Großputz. Das musste sein, denn ihre Nachbarin Frau Müller, die ebenfalls

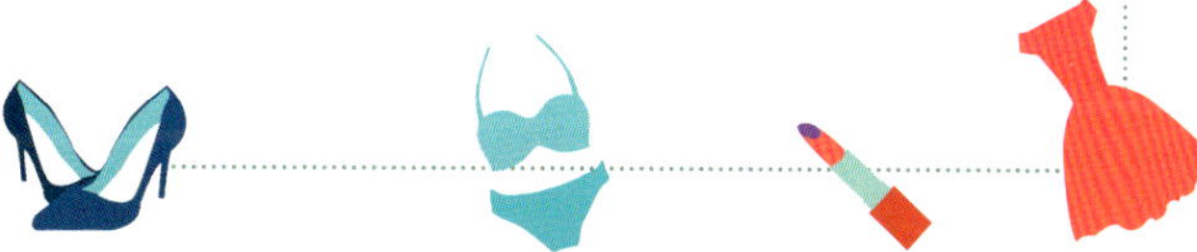

kommen wird, war in der ganzen Siedlung als „Putzteufel" bekannt und deshalb musste alles blinken. Das war ganz schön anstrengend.
Die beiden Kinder Susanne und Felix versprachen, an diesem Abend ganz artig ins Bett zu gehen um die „Damenrunde" im Wohnzimmer nicht zu stören.

Pünktlich um 18.00 Uhr kam die Tuppervertreterin Frau Gruber. Sie war sogar Bezirksvertreterin und konnte mit ihrer überzeugenden Art alles verständlich erklären und kannte sich sehr gut aus. Jutta war stolz, dass Frau Gruber selbst zu ihr gekommen war. Das war eine sehr attraktive Frau, so etwa 40 Jahre alt, mit kurzer Bubikopf-Frisur, knallroten Fingernägeln mit passendem Lippenstift, großen Ohrklipsen und einem flotten Minikleid, welches mit einem großen Blumenmuster bedruckt war.

Zum Glück war zu Beginn noch die ganze Familie im Haus, denn alle waren damit beschäftigt, die zahlreichen Koffer aus dem Auto der Tuppervertreterin zu laden. Koffer für Koffer wurde ins Haus getragen und Jutta musste schnell noch einen separaten Klapptisch aufstellen, denn der ausgezogene Esstisch reichte von der Fläche nicht aus.

Mit geschickten Händen baute Frau Gruber die hellblau, rosaroten und gelben Schüsseln und die durchsichtigen Vorratsdosen auf. Die Tupperschüsseln waren alle in pastelligen Farbtönen gehalten.

Währenddessen platzierte Jutta ihre Köstlichkeiten auf dem Wohnzimmertisch. Erdbeerbowle, Salzbrezeln, belegte Brote mit Käse und Wurst, drei selbstgebackene Kuchen, Kekse, Erdnussflips und verschiedene Knabbereien. Hungrig sollte heute Abend niemand nach Hause gehen!

Pünktlich kurz vor 19.00 Uhr klingelte es an der Haustür und die Freundinnen, Nachbarinnen und Cousinen kamen ins Haus gestürmt. Zehn Frauen auf einmal, da war es schlagartig aus mit der Ruhe.

Nachdem Frau Gruber alle sehr herzlich begrüßt hatte, ging es los.

Zuerst bekam jede Frau die Bestellliste ausgehändigt und einen Kugelschreiber, den sie am Ende behalten durfte. Danach wurde jeder der Frauen ein Gastgeschenk ausgehändigt, das es nur an diesem Abend gab. Das war besonders spannend.

Im Anschluss daran nahm Frau Gruber eine Plastikschüssel nach der anderen in die Hand, verschloss diese mit dem passenden durchsichtigen

Deckel und erklärte uns dann den typischen „Zischlaut", mit dem man die Luft aus der Tupperschüssel herausdrückte, um die verlängerte Haltbarkeit der Lebensmittel zu erreichen. Das bewährte „Tupperpatent"!

Es gab kleine Tupperschüsseln, in die nur ein übrig gebliebenes Eiweiß passte oder ein Hefewürfel, aber auch große für den Hefeteig oder zahlreiche für die Vorratshaltung in runder oder eckiger Form.

Auch für das Pausenbrot der Männer oder der Kinder gab es zahlreiche Möglichkeiten. Ja und erst die durchsichtigen Vorratsdosen in allen Größen, die endlich Ordnung in jedem Vorratsschrank schaffen würden – war das nicht traumhaft? Außerdem Eisförmchen, Puddingförmchen, kleine praktische Hobel oder große Tortenbehälter.

Die Frauen waren fasziniert von den vielen Einsatzmöglichkeiten und zahlreichen wertvollen Küchentipps.

Je später der Abend wurde, desto lauter wurde es. Die Bowle und die vielen Köstlichkeiten mundeten der Frauenrunde sehr. Sogar zwei der Nachbarinnen, die zu Beginn erklärt hatten, dass sie überhaupt nichts mehr für ihren Haushalt benötigen würden, kauften kräftig ein. Frau Gruber konnte aber auch gut erklären und sie war sehr überzeugend.

An diesem Abend gab es noch eine Besonderheit. Jede Frau, die für mehr als 150 Mark einkaufte, erhielt eine praktische Käsereibe mit passender Schüssel dazu. Diese würde im Einkauf 29,90 Mark kosten und war an diesem Abend gratis. Dieses tolle Küchenutensil wollte jede Frau in der Küche einsetzen.

Der Wert der Bestellungen schoss extrem in die Höhe und das Beste war, am Ende konnte sich Jutta als heutige Gastgeberin für den sehr hohen Umsatzbetrag zahlreiche zusätzliche Tupperware kostenlos aussuchen. Das war phänomenal!

Die Zeit verflog wie im Flug und bald schon war es 23.00 Uhr. Bevor der Abend zu Ende ging, konnte sich noch eine der Frauen als nächste Gastgeberin eintragen lassen. Nachdem der Abend so unterhaltsam verlief und die Aussicht auf die Umsatzbeteiligung so hoch war, meldete sich spontan Renate, die Freundin aus dem Sportverein.

Beschwingt gingen die Frauen nach Hause und Jutta half Frau Gruber die zahlreichen Koffer mit der Tupperware wieder im Auto zu verstauen.

Die Ware wurde vier Wochen später zu Jutta geliefert. Ach du Schreck, das war so viel, dass die Pakete im Hausflur keinen Platz fanden. Schnell wurde das Auto aus der Garage gefahren und diese als „Tupperlager“ benutzt. Jutta war anschließend fünf Tage lang beschäftigt, die Bestellungen an ihre Freundinnen auszuliefern, und dabei blieb es natürlich nicht nur bei einem kurzen Treffen an der Haustür, sondern es wurde jedes Mal ein etwas längerer Austausch.

Jutta war ganz stolz auf ihren so gelungen Tupperabend und besonders freute sie sich über ihre zahlreichen neuen Tupperschüsseln und Utensilien, die aus ihrem Haushalt nicht mehr wegzudenken waren.

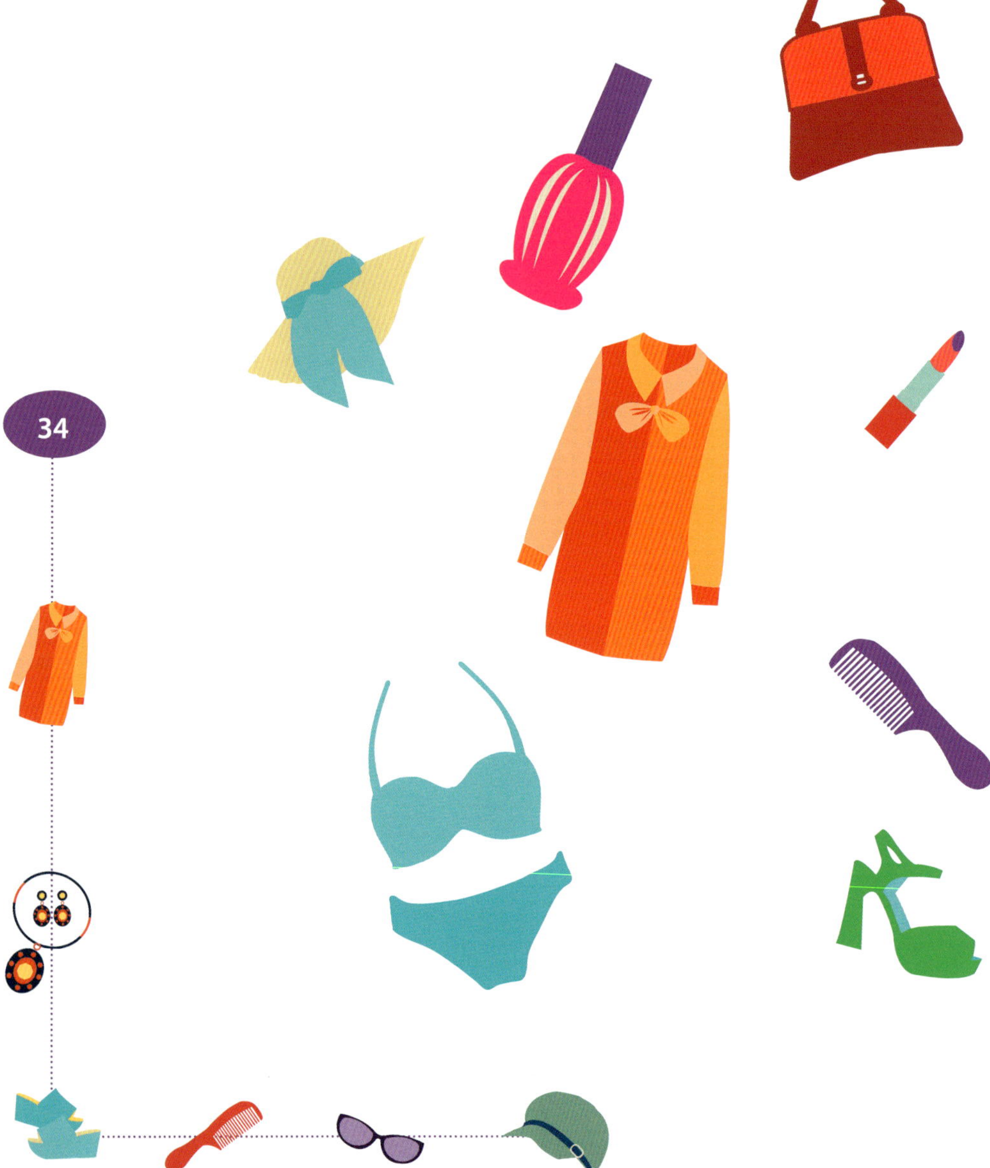

Frau am Steuer

EINFÜHRENDE FRAGEN

- **In welchem Alter haben Sie den Führerschein gemacht?**
- **Welcher Automarke gehörte Ihr Fahrschulauto an?**
- **Wann haben Sie Ihr erstes eigenes Auto gekauft?**

In den 60er-Jahren war es noch nicht üblich, dass viele Frauen den Führerschein erwarben. Susis Eltern besaßen ein kleines Fuhrunternehmen und deshalb war es in dieser Familie überhaupt keine Frage, dass Susi, sobald sie 18 Jahre alt war, Fahrstunden beim örtlichen Fahrlehrer nehmen durfte. Sie konnte es gar nicht glauben, dass Frauen in Deutschland bis 1958, wenn sie den Führerschein erwerben wollten, das Einverständnis von ihrem Vater oder Ehemann benötigten.

Susi war die einzige Frau, die sich zum Führerscheinkurs angemeldet hatte. Da saß sie nun inmitten von 15 Männern in ganz unterschiedlichen Altersstufen. Sie war zudem auch noch die Jüngste, denn sie wurde erst in vier Wochen 18 Jahre alt. Die Blicke der anderen Fahrschüler richteten sich auf sie und während der ersten Unterrichtsstunde kam sie sich ziemlich „unwissend" vor. Die jungen Männer glänzten mit ihrem Wissen über Fahrzeugbau, Motor und Kupplung und das schüchterte die sonst so taffe Susi erst einmal ein.

Herr Holzbauer, ein erfahrener Fahrlehrer und ein langjähriger Freund ihres Vaters, erkannte die Situation und schmunzelte darüber. Er wusste, dass Susi auf dem Betriebsgelände des elterlichen Betriebes schon häufig das Einparken, Wenden oder allgemein das Fahren geübt hatte und sich dabei sehr gut anstellte. Na ja, zugegeben, war das zwar nicht ganz legal, aber zu dieser Zeit übten viele auf abgelegenen Feldwegen oder auf Parkplätzen, um weniger

Fahrstunden nehmen zu müssen. Das hatte den Effekt, dass viele Fahrschüler somit den Führerschein etwas günstiger erwerben konnten.

Als die erste Theoriestunde überstanden war, trafen sich die Jungs im angrenzenden Biergarten, doch Susi wurde nicht aufgefordert mitzukommen. Susi wäre auch gerne mitgegangen, denn sie kannte einige der Jungs schon lange und wunderte sich, dass sie heute so demonstrativ „ausgegrenzt“ wurde. Das machte sie traurig und auch ein bisschen wütend.

Der theoretische Unterricht war drei Mal in der Woche am Abend – das war ganz schön anstrengend. Während der zweiten Unterrichtsstunde konnte man die theoretischen Unterlagen käuflich erwerben. Susi kaufte sich die Unterlagen, um diese mit all den verwirrenden Verkehrsregeln sorgfältig zu lernen und die Testbögen regelmäßig auszufüllen. Eigentlich war die Theorie gar nicht schwer, denn Susi fuhr oft bei ihrem Vater im LKW mit und kannte sich bei den Ge- und Verbotsregeln im Straßenverkehr schon sehr gut aus.

Die jungen Männer hatten da deutlich mehr Probleme. Auf den theoretischen Unterricht hätten diese gerne verzichten können, denn sie bildeten sich ein alle Regeln, ohne viel zu lernen, bereits zu beherrschen. Susi lernte regelmäßig und freute sich auf die erste praktische Fahrstunde. Diese sollte am nächsten Samstagnachmittag um 14.00 Uhr auf dem Parkplatz vor der Fahrschule beginnen.

Ausgerechnet an diesem Nachmittag trafen sich fünf Jungs aus ihrer Gruppe „ganz zufällig“, um ihr beim ersten Starten des Autos zuzusehen. Na, wenn das mal nicht peinlich werden würde.

Herr Holzbauer fuhr mit seinem flotten roten BMW vor, auf dessen Dach das Schild mit der Aufschrift „Fahrschule“ angebracht war. Zuerst erklärte er Susi einige technische Details wie, Gaspedal, Kupplung und Bremse und dann konnte das Abenteuer beginnen. Na ja, der Beginn war etwas unsanft, denn Susi startete beherzt den Motor, doch als sie losfahren wollte, war das mit der Kupplung doch ungewohnter als gedacht. Der Motor heulte laut auf und ging aber sofort wieder aus. Sie sah zwar die Gesichter der jungen Männer nicht, aber das Lachen der Jungs war unüberhörbar. Klar hatten sich diese über Susis kleines Missgeschick gefreut. Der zweite Anlauf, das Auto zu starten, klappte aber perfekt und der ersten Fahrstunde stand jetzt also nichts mehr im Weg.

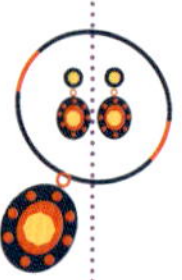

Susi fuhr vorsichtig durch die Straßen der Stadt und wurde sehr schnell immer sicherer. Sogar das Rückwärts-Einparken klappte schon ganz gut. Sie hatte sichtlich Spaß an der Fahrt und die Fahrstunde verflog wie im Nu. Nach ihr kam der flotte Stefan an die Reihe. Das hatte er sich wohl auch einfacher vorgestellt. Als er in den Fahrschulwagen einstieg, war nichts mehr von seinem sonst so überheblichen Grinsen zu sehen – er wirkte ziemlich aufgeregt. Als er dann versuchte loszufahren, verliefen die ersten drei Anläufe, das Auto zu starten, ebenfalls erfolglos und erst beim vierten Anlauf konnte er das Fahrzeug unter laut aufheulendem Motor in Bewegung setzen. Das war wirklich auch keine Meisterleistung.

Die theoretischen Unterrichtseinheiten vergingen wie im Flug und bereits nach einigen Wochen wurde ein Teil der Fahrschüler zur theoretischen Prüfung in den Räumen des TÜVs angemeldet. Da Susi immer fleißig gelernt hatte, hielt sich ihre Aufregung in Grenzen – ganz im Gegensatz zu den jungen Männern.

Als am Montagmorgen um 9.00 Uhr der Fahrlehrer alle im TÜV Gebäude begrüßte, sahen Peter und Jürgen ziemlich grün im Gesicht aus. Auch die anderen aus der Gruppe, die eigentlich immer einen flotten Spruch auf den Lippen hatten, wirkten eigenartig still.

Vor ihnen wurde bereits eine Gruppe geprüft und während sie warteten, stieg die Spannung ins Unermessliche. Endlich ging die Tür auf und die Gruppe kam heraus. Freudige Gesichter, aber auch zahlreiche enttäuschte oder verheulte Augen kamen ihnen entgegen. Das konnte ja heiter werden.

Susi setzte sich ganz nach vorn und wartete gespannt. Der Raum war bis auf den letzten Platz belegt, als der Prüfer die Regeln der Prüfung vorlas. Dann ging es los. Susi las konzentriert die Fragen durch und setzte an den entsprechenden Stellen ihre Kreuze. Sie war als Erste der ganzen Gruppe fertig. Um sie herum sah sie einige ratlose und hilfesuchende Blicke. Als die Zeit um war, mussten alle auf ihren Plätzen sitzen bleiben und so lange warten bis alle Prüfungsbögen korrigiert waren. Im Raum selbst herrschte nun ein reger Austausch und ein lautes Stimmengewirr. Dann kam der Prüfer und teilte die Ergebnisse aus.

Susi hatte mit Bravour bestanden, während Peter, Jürgen, Hans und Stefan leider durchgefallen waren.

Die erste Hürde wäre genommen, doch nun stand in einigen Wochen die praktische Fahrprüfung an. Zuvor absolvierte Susi und die anderen Teilnehmer noch die Nachtfahrt und die sogenannte Überlandfahrt. Das spannendste Erlebnis kurz vor der Prüfung war die Autobahnfahrt. Susi war gemeinsam mit Peter unterwegs und durfte die erste Etappe fahren, bevor es auf dem Rückweg einen Fahrerwechsel gab. So eine Autobahnfahrt ist Nervenkitzel pur. Zuerst fuhr Susi nicht so schnell, denn diese unbekannte Situation und die deutlich höhere Geschwindigkeit im Vergleich zur normalen Stadtfahrt war doch ganz schön aufregend. Aber allmählich wurde sie immer mutiger und es machte ihr sehr viel Spaß, in ziemlich hohem Tempo über die Autobahn zu fahren und dabei zahlreiche Autos zu überholen.

Als Letztes kam die praktische Prüfung. Wer würde wohl der Prüfer sein? Denn so manchem eilte ein ziemlich strenger Ruf voraus. Susis Prüfung war kurz vor der Mittagspause. Sie stand schon eine Viertelstunde vor dem besprochenen Termin an dem vereinbarten Treffpunkt. Sie war ziemlich aufgeregt. Endlich war es soweit. Klaus, ein Fahrschüler aus ihrem Kurs, stieg freudestrahlend aus dem Auto aus – er hatte bestanden. Das machte Susi Mut. Sie wurde von Prüfer und Fahrlehrer aufgefordert einzusteigen. Sie nahm auf dem Fahrersitz ihren Platz ein und wartete auf die Anweisungen des Prüfers. Susi fuhr vorsichtig und konzentriert. Allmählich legte sich auch ihre Aufregung etwas. Am meisten Angst hatte sie vor dem Rückwärts-Einparken am Hang, aber auch diese schwierige Aufgabe hatte sie perfekt gemeistert.

Susi fuhr sicher und umsichtig alle Wegstrecken ab und als sie vor dem Gebäude der Fahrschule parken sollte, war sie völlig überrascht, wie schnell die Prüfung vorbeigegangen war.

Der Prüfer und der Fahrlehrer gratulierten ihr zu der mit großem Erfolg bestandenen Fahrprüfung und wünschten ihr allzeit eine unfallfreie, sichere Fahrt.

Auf dem Autodach unterschrieb Susi ihren erworbenen Führerschein und durfte sofort in das Auto ihres großen Bruders einsteigen, um zum ersten Mal ganz ohne Fahrlehrer hinterm Steuer nach Haus zu fahren.

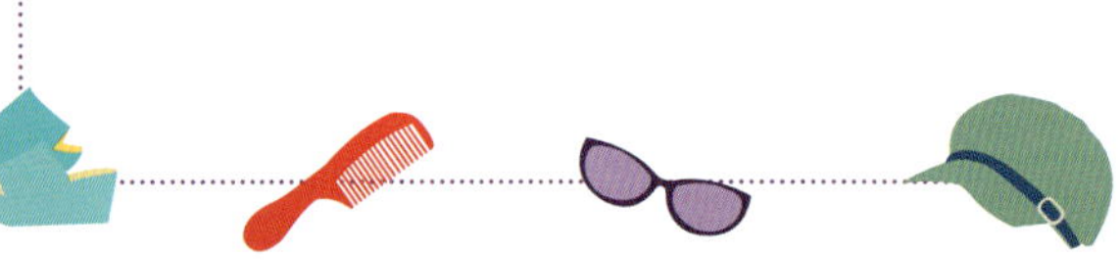

In der Weihnachts-bäckerei

EINFÜHRENDE FRAGEN

- In welchem Monat haben Sie mit der Weihnachtsbäckerei begonnen?
- Welche Sorten haben Sie früher gebacken?
- Welches sind Ihre Lieblingsplätzchen?

Die Weihnachtsbäckerei in den 60er-Jahren begann bei uns im Haus schon im Herbst. Da wurden für das selbstgemachte Früchtebrot die Früchte von unseren Bäumen geerntet und getrocknet.

Äpfel, Birnen und Zwetschgen wurden vom Kernhaus oder vom Stein befreit, in grobe Stücke zerteilt und auf dem Ofen im Wohnzimmer getrocknet. In späteren Jahren wurden die Früchte im Heizungsraum im Keller getrocknet. Außerdem wurden an den Herbstabenden die Haselnüsse und Walnüsse geknackt, von der Schale befreit und getrocknet.

Mitte November war es dann soweit. Mutter hackte die getrockneten Früchte und Nüsse mit einem großen Messer klein und kaufte die unterschiedlichen Mehlsorten, Zucker, Butter in größeren Mengen, Puderzucker, einige Würfel Hefe, Orangeat und Zitronat, Kokosraspel, Hirschhornsalz, Natron und Rum-Aroma ein.

Mit dem Stollen „Dresdner Art“ begann das Backen. Peter und ich durften dabei nicht helfen, denn Mutter benötigte dafür ihre ganze Aufmerksamkeit. Sehr viele wertvolle Zutaten kamen in den Teig und es wäre schlimm gewesen, wenn ihr ein Fehler bei der Zubereitung unterlaufen wäre.
Danach kamen die Lebkuchen an die Reihe, die Mutter meist am Vormittag, wenn wir in der Schule waren, abgebacken hatte. Das ganze Haus duf-

tete unglaublich gut, als wir von der Schule nach Hause kamen, doch leider waren die Lebkuchen dann schon in der großen Lebkuchendose verstaut und an einem „geheimen Ort" gelagert. So ein Pech aber auch. Doch in einem Jahr haben wir Mutters Lebkuchenversteck auf dem Schrank im Schlafzimmer der Eltern gefunden. Als Mutter beim Einkaufen war, kletterte Peter schnell auf einen Stuhl und konnte somit an die begehrte Dose gelangen. Den größten Lebkuchen nahm er sich heraus und brachte ihn ins Kinderzimmer – was für eine Trophäe! Wir Kinder freuten uns sehr und wollten sofort herzhaft hineinbeißen. Doch das war ein großer Fehler. Der sonst so leckere Lebkuchen war steinhart und schmeckte scheußlich. Nur die Mandeln, die als Verzierung auf dem Guss klebten, schmeckten lecker. Vor lauter Enttäuschung bemerkten wir dabei nicht, dass Mutter vom Einkauf früher als erwartet nach Hause kam und uns als „Lebkuchendiebe" angetroffen hatte. Das gab Ärger, denn sie hatte uns in den Jahren zuvor erklärt, dass Lebkuchen lange durchziehen mussten, um an Weihnachten als leckere Köstlichkeit genossen werden zu können. Das war uns eine Lehre! Nie wieder hatten wir uns vorzeitig an den Lebkuchen vergriffen. Der schönste Tag der Weihnachtsbäckerei war der „Ausstechertag" oder wie unsere Großmutter immer sagte, der „Butterplätzchentag". Mutter bereitete den Teig am Vormittag zu und wir Kinder durften am Nachmittag dann fleißig beim Ausstechen mithelfen.

Zuerst mussten wir unsere Hände gründlich mit Wasser und Kernseife waschen und anschließend war die „Fingernagel Kontrolle" angesagt. Peters Finger wurden meist von Mutter dann noch einmal persönlich mit der Handbürste geschrubbt, damit diese tatsächlich sauber waren. Dann durften wir am Küchentisch beginnen. Jeder von uns bekam ein Stück Teig, um diesen dann mit unseren kleinen Kinderwellhölzern auf dem bemehlten Küchentisch ausrollen zu können. Zuvor durften wir uns die Formen zum Ausstechen aussuchen. Ich wählte meist Sterne in unterschiedlicher Größe, Engelchen, den Pilz und die Sternschnuppe aus, während Peter das Hufeisen, den Mond und den Stiefel wählte. Mit großem Eifer begannen wir den Teig auszuwellen und auszustechen. Zu Beginn gab es eigentlich keine Schwierigkeiten, doch je länger wir den Teig bearbeiteten, desto weicher und klebriger wurde er. Er klebte an den Händen, an der Tischplatte und am Nudelholz fest und mit der Zeit wurde er irgendwie immer dunkler.

Nach dem Ausstechen legten wir die Figuren auf das Backbleck und Mutter bepinselte unsere Figuren mit Eigelb. Die Verzierung durften wir vornehmen. Hagelzucker, ja, der kam auch zum Einsatz, aber unsere Figuren wurden meist mit Unmengen an „Liebesperlen“, den bunten kleinen Zuckerkugeln bestreut – das war immer das Allerschönste beim Backen. Peter, meinem kleinen Bruder, fiel immer wieder ein Stück vom Teig auf den Fußboden. Das passierte auffällig oft, denn dieses Teigstück steckte er sich dann immer sofort in den Mund, denn der Teig und die Zuckerkugeln schmeckten auch roh einfach köstlich. Unsere Plätzchen waren nicht so akkurat wie die von Mutter, aber wir waren auf unsere Kunstwerke immer sehr stolz. Anschließend durften wir Kinder unsere Kunstwerke selbst in den Ofen schieben und, während die Plätzchen gebacken wurden, mussten wir den Küchentisch säubern, was uns allerdings nie so großen Spaß bereitet hat. Aber das musste getan werden. Ganz zu Beginn der 60er-Jahre hatte der Backofen noch keine Glastür, durch die man den Teig beim Backen beobachten konnte. Doch später, so etwa 1968, als unser alter Backofen nicht mehr funktionierte, kaufte Mutter einen modernen Backofen mit einem Sichtfenster – das war spannend!

Als die Plätzchen aus dem Ofen kamen, durften wir sie nach dem Abkühlen vorsichtig in unsere „Kinderdose“ legen und diese kam nicht in Mutters „Geheimfach“, sondern stand in der Vorratskammer, sodass wir während der Adventszeit immer wieder ein Plätzchen naschen konnten.

Dieser Backtag war für uns Kinder immer ein ganz besonderer Tag. Mutters Plätzchen schmeckten hervorragend und sahen auch immer wunderschön aus. Darauf legte sie besonderen Wert, denn viele der Plätzchen wurden verschenkt. Jeder in der Familie, auch die Großeltern, durfte sich eine Lieblingssorte wünschen und Mutter hat sie alle gebacken. Haselnuss- und Kokosmakronen für den Großvater, Terrassen und Zimtsterne für Großmutter. Papa liebte Vanillekipferl und Mutter Bethmännchen. Für mich hat Mutter immer Anisbrötchen und Nougatstangen gebacken, während Peter Butter-S und Schwarz-Weiß Gebäck liebte. Nicht zu vergessen unsere Tante Bettina, die jedes Jahr an Weihnachten zu Besuch kam. Für sie hatte Mutter extra Spritzgebäck und Elisenlebkuchen gebacken. Da kamen schon ziemlich viele Sorten zusammen. Während der Adventszeit machte Mutter Besuche bei Personen, die uns sehr am Herzen lagen. Häufig waren das Leute, die nicht mehr selbst backen konn-

ten und sich deshalb über einen Beutel von Mutters Köstlichkeiten sehr gefreut haben. Diese Cellophantüten wurden von uns Kindern mit einem Tannenzweig und einem selbstgebastelten Strohstern verziert. Darauf waren wir besonders stolz!

Wie sehnten wir dann den Heiligen Abend herbei, denn erst dann durften wir diese Köstlichkeiten auch kosten. Nach unserer Bescherung brachte Mutter immer einen großen Teller mit den selbstgebackenen Plätzchen. Noch heute denke ich an Mutters Plätzchen, und obwohl ich die Weihnachtsplätzchen nach Originalrezepten von Mutter backe, die Plätzchen meiner Mutter waren die besten auf der ganzen Welt.

Jetzt wird geheiratet

EINFÜHRENDE FRAGEN

- **Bei wem durften Sie „Brautfräulein" sein?**
- **Zu welchen Anlässen bekamen Sie nützliche Dinge für die „Aussteuer" geschenkt?**
- **Aus welchen Blumen bestand ein Brautstrauß häufig?**

Kaum war die Ausbildung der Mädchen abgeschlossen und die jungen Männer wieder vom Militärdienst zu Hause, begann die „Hochzeitswelle". In ländlichen Gegenden war es häufig Tradition, dass die jungen Leute sogar schon vor ihrer Hochzeit ihr eigenes Haus gebaut hatten.

Genauso war es bei Heidi und Manfred. Dass Heidi ihren Manfred einmal heiraten würde, war ihr schon klar, als sie ihn das erste Mal sah. Sie lernten sich beim „Tanz in den Mai" kennen. Manfred war groß und schlank, hatte eine etwas zerzauste Frisur und war vielleicht ein wenig tollpatschig. Auch Manfred verliebte sich damals sofort in Heidi.

Eines Tages, es war Samstagabend kurz nach der Sportschau, war es dann soweit. Manfred stand mit seiner schicken Kombination vor der Haustür und klingelte bei Heidis Eltern. Heute wirkte er gar nicht so locker und entspannt wie sonst und Heidi bekam ein etwas „flaues Gefühl" im Magen. Manfred wollte Heidis Vater sprechen und rasch zogen sich die beiden Männer in das Wohnzimmer zurück. Die Tür wurde geschlossen und Mutter und Heidi hörten nur gedämpfte Stimmen im Wohnzimmer. Was hatte das zu bedeuten? Nach kurzer Zeit hörte Heidi, wie Vater die Cognacschwenker aus dem Wohnzimmer-

schrank herausnahm. Das kam eigentlich nur an Weihnachten oder zu ganz besonderen Gelegenheiten vor. Noch immer herrschte bei den Frauen völlige Unsicherheit. Endlich öffnete sich die Wohnzimmertür und Vater und Manfred kamen zu den beiden Frauen ins Esszimmer. Manfred strahlte über das ganze Gesicht. Für Heidi ging ein Herzenswunsch in Erfüllung. Manfred nahm ihre in seine Hände und machte Heidi einen Heiratsantrag. Was für eine Freude! Heidi antwortete sofort mit einem lauten „Ja". Zuvor hatte Manfred nämlich bei Heidis Vater um ihre Hand angehalten – so wie es damals üblich war und Heidis Vater hatte mit Freude zugestimmt. Manfred war ein gestandener Mann, dem man seine Tochter guten Gewissens anvertrauen konnte".

Heidis Mutter hatte Tränen in den Augen, denn sie freute sich schon sehr auf die bevorstehende Hochzeit ihrer Tochter. Wie gut, dass die Aussteuer, also die Dinge des täglichen Lebens, wie Bettwäsche, Handtücher, Geschirr, Besteck, Gläser, Schüsseln, Töpfe, Küchenutensilien und noch vieles mehr bereits auf dem Speicher in Kisten verpackt war.

Heidis Mutter wurde ganz nervös und nahm anschließend Heidi mit ins Schlafzimmer. Mutter verschloss sofort die Tür hinter ihnen, sodass niemand das Schlafzimmer betreten konnte. Das hatte Mutter noch nie gemacht – was hatte das zu bedeuten? Mutter öffnete voll Spannung einen großen weißen Karton und heraus kam ihr eigenes Brautkleid: Dieses hatte Heidi noch nie gesehen. Es war aus zarter Seide, wunderschöner Spitze und bauschigen Puffärmeln. Zusätzlich war auch noch ein langer Schleier aus derselben zarten Spitze zu sehen – das Ganze war ein Traum! In diesem Kleid zum Altar zu schreiten, das wäre wunderschön. Die eine oder andere Änderung musste noch durchgeführt werden, aber die Mutter kannte eine sehr gute Schneiderin.

Nun konnte die Hochzeitsplanung beginnen. Dabei durften Brautfräulein und Brautführer nicht fehlen. Die besten Freundinnen der Braut waren Brautfräulein und die besten Freunde des Bräutigams die Brautführer. Diese jungen Leute durften weder verheiratet sein noch Kinder haben – das wurde immer schwieriger, denn viele ihrer Freundinnen waren mittlerweile schon verheiratet.

Die Brautführer unterstützten den Bräutigam bei den Vorbereitungen und waren am Hochzeitstag dafür zuständig, dass die Braut nicht „entführt"

wurde. Im Falle, dass es Freunden doch gelang, die Braut zu entführen, mussten die Brautführer mit dem Bräutigam zusammen, so zügig wie möglich die Braut wieder zur Festgesellschaft zurückbringen.

Die Brautfräulein organisierten zusammen mit der Braut die aufwändigen Hochzeitsvorbereitungen. Tischkarten oder Menükarten wurden meist selbst gebastelt, Tischgestecke gemeinsam ausgesucht und der Ablauf der kirchlichen Feier entworfen. Auch die ausgesuchten Lieder und Texte für den Gottesdienst wurden ausgedruckt und zu kleinen Liederheften zusammengebunden. Meist sprachen eine der Brautfräulein und einer der Brautführer eine Fürbitte während des Gottesdienstes oder sie trugen Bibeltexte vor.

Am Hochzeitstag selbst wurde Heidi von Ihrer Mutter und einem Brautfräulein eingekleidet und die Friseurin kam ins Haus, um die Haare der Braut hochzustecken und den Schleier sicher zu befestigen. Was für eine bezaubernde Braut Heidi doch war.

Dann kam Manfred. Er war ziemlich nervös, als er seine Heidi zu Hause bei den Eltern abholte. Er trug einen dunklen Anzug, ein weißes „Vatermörderhemd“ mit Fliege und blank geputzte Schuhe. Seine Haare waren in Form geföhnt und er machte eine richtig stattliche Figur!

Gemeinsam zog nun das Brautpaar mit den Brautführern, den Eltern des Brautpaares, den Geschwistern und den Gästen durch das Dorf. Begleitet wurden sie dabei von der Musikkapelle des Schützenvereins, wo sie beide Mitglieder waren. Zahlreiche Dorfbewohner winkten freudig dem wunderschönen Brautpaar zu.

In der Kirche angekommen, betrat zuerst Manfred die Kirche und wartete vorne am Altar auf seine Heidi. Alle Hochzeitsgäste nahmen in der Kirche ihre Plätze ein, bevor Heide dann feierlich am Arm ihres Vaters mit Orgelmusik eingezogen ist. Das war ein sehr ergreifender Moment. Den Pfarrer kannte das Brautpaar sehr gut und alle waren glücklich, als das feierliche Ehegelöbnis gesprochen wurde und sich das Brautpaar das kirchliche „Ja-Wort“ gegeben hatte.

Beim feierlichen Auszug aus der Kirche folgten die Brautfräulein und die Brautführer direkt hinter dem Brautpaar.

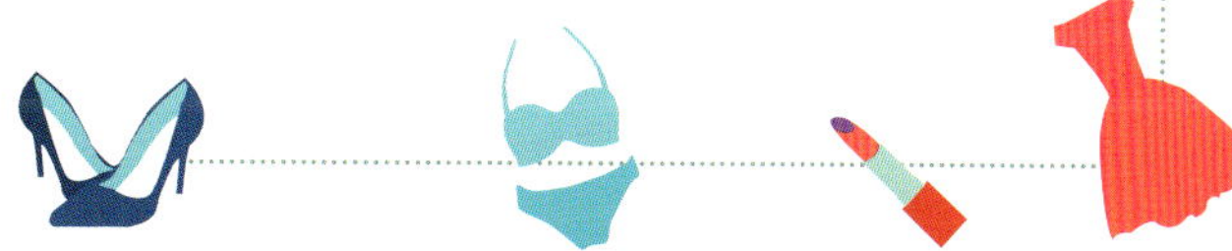

Nach der kirchlichen Trauung zog der Hochzeitszug in den Gasthof „Zur Linde“, das war der beste Gasthof im ganzen Dorf.

Zuerst gab es Kaffee und Kuchen. Was für eine Kuchentafel! Zahlreiche Freunde und Verwandte hatten gebacken. Ein Kuchen war schöner als der andere und es reihte sich Torte an Torte. In der Zeit zwischen Kaffee und Abendessen gab es Reden und Darbietungen der Freunde. Außerdem war es üblich, dass man in Gruppen die Wohnung des Brautpaares und selbstverständlich die Aussteuer der Braut, besichtigte. Diese Führung übernahm meist ein Geschwisterteil des Brautpaares.

Am Abend gab es ein sehr aufwändiges Hochzeitsmenü, bei dem die „Hochzeitssuppe“ nicht fehlen durfte.

Nach dem Essen kam der Brauttanz, der traditionell aus einem langsamen Walzer oder einem Wiener Walzer bestand. Davor war Manfred ziemlich aufgeregt, denn Tanzen gehörte nicht zu seinen Stärken – aber es klappte hervorragend.

Ein anderer Brauch war, dass die Hochzeitsgesellschaft immer wieder mit dem Löffel an ein Glas klopfte und das bedeutete, dass sich das Brautpaar nun küssen musste. Diese Aufforderung kam meist vom Tisch der Brautführer.

Am späteren Abend kam die Brautentführung, die von guten Freunden des Brautpaars blitzschnell durchgeführt wurde. Obwohl Manfred so gut auf Heidi aufpasste, passierte es doch: Er bemerkte es sofort und machte sich gleich mit den Brautführern auf die Suche. Zum Glück war Heidi nur in der „Kneipe“ nebenan. Dort hatten sich die Freunde schon die eine oder andere Runde Schnaps bestellt. Als „Strafe“ für diese Unachtsamkeit musste der Bräutigam „die Zeche“ bezahlen und konnte somit seine Braut „freikaufen“.

Mit großer Freude wurden das Brautpaar und die Brautführer, die nun alle als Kopfbedeckung einen Hut aus Zeitungspapier trugen, von der restlichen Hochzeitsgesellschaft empfangen.

Das Brautpaar und die Gäste feierten und tanzten noch bis in die Morgenstunden und denken auch jetzt nach beinahe 40 Jahren noch gerne an ihre Hochzeit zurück.

Lilo – Die „Wirtschaftswundertante“

EINFÜHRENDE FRAGEN

- Wie hieß Ihre Lieblingstante?
- Was haben Sie mit Ihrer Lieblingstante unternommen?
- Wie sind Sie mit Ihrer Lieblingstante in Kontakt geblieben?

Endlich kam der 1. Juli und wie jedes Jahr fieberte Karin dem Besuch von Tante Lilo entgegen.

Tante Lilo war die jüngste Schwester von ihrer Mutter und die wohnte in der Großstadt Berlin. Sie war nicht verheiratet, hatte aber ab und zu einen Mann an ihrer Seite. Lilo arbeitete als Chefsekretärin in einem großen, internationalen Industriebetrieb, bereiste die ganze Welt und war stets nach der angesagten Mode gekleidet. Außerdem brachte sie uns Kindern immer ganz besondere Geschenke mit. Papa bekam einen Cognac und Zigarren und Mama meist ein ziemlich durchsichtiges Nachthemd oder ausgefallene Unterwäsche. Mutti wollte ihr Päckchen eigentlich nie vor uns Kindern auspacken, denn sie wurde dabei ziemlich rot im Gesicht.

Meine Geschwister und ich schlossen schon Wetten ab, mit was uns Tante Lilo wohl in diesem Jahr überraschen würde. Wir konnten es fast nicht erwarten, bis sie in ihrem nagelneuen BMW 2000 CS vorfuhr. Was für ein schönes Auto!

Endlich war es soweit. Wir Kinder stürmten aus dem Haus, denn jeder wollte Tante Lilo zuerst begrüßen. Strahlend schön wie eine Diva vom Film stieg sie in ihrem schwarz-weißen Kostüm, welches aus einem ziemlich kurzen Minirock mit einer kurzen Jacke bestand, und ihren Pfennigabsatzschuhen aus

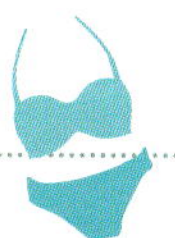
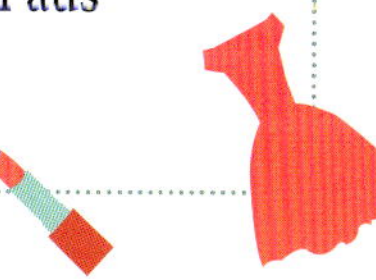

dem Auto aus. Die Haare hatte sie ganz kurz geschnitten und am Hinterkopf hochtoupiert – so eine modische Frisur hatten wir noch nicht gesehen. An den Ohren trug sie große Ohrklipse und um den Hals eine auffallende Kette aus Bernstein. Tja und geschminkt war Tante Lilo natürlich auch. Ihre Wimpern waren tiefschwarz getuscht und auf den Lippen hatte sie kirschroten Lippenstift aufgetragen – das war sehr auffallend. Sie lud unzählige Tüten mit Geschenken, zwei Koffer und eine Reisetasche aus dem Auto aus. Dabei sahen wir ihre perfekt manikürten Fingernägel und den Nagellack, der exakt zur Farbe des Lippenstiftes passte. Sie sah aus, als wäre sie einem Modejournal entsprungen. Mutter umarmte ihre Schwester herzlich und staunte, mit wieviel Gepäck eine Frau für nur drei Tage verreisen konnte.

Wir betraten das Haus und Lilo schaute sich überrascht im Wohnzimmer um, denn am Fenster hingen neue Wolkenstores und die entsprachen der neusten Mode. Tante Lilo war begeistert. Danach gab es zum Empfang immer ein Glas Sekt, das gehörte zum Begrüßungsritual von Lilo. Es musste „Henkel trocken" sein, das war die Lieblingsmarke von Lilo. Wir Kinder bekamen ein Glas Orangensaft zum Anstoßen – was für ein besonderer Tag.

Wir konnten unsere Aufregung nicht verbergen und hüpften von einem Bein auf das andere, denn wir hatten die vielen Tüten im Blick.

Zuerst gab es etwas Süßes. Peter, unser kleiner Bruder, bekam eine große Packung „Katzenzungen" und war überglücklich. Annegret erfreute sich an einer übergroßen „Toblerone", das ist ein großer dreieckiger Schokoladenriegel, der aus der Schweiz stammt. So eine große Ausführung hatten wir noch nicht gesehen, aber Tante Lilo war erst vor wenigen Wochen in der Schweiz und hat uns von dort diese besondere Schokolade mitgebracht. Ich bekam eine große Tafel Schokolade, die aus zahlreichen kleinen Täfelchen bestand, auf denen verschiedene Bergspitzen oder Tiere abgebildet waren – auch das war etwas ganz Besonderes.

Danach kamen die Spielwaren an die Reihe. Ich wünschte mir schon lange eine Puppe mit Haaren und diese bekam ich von Tante Lilo. Überglücklich nahm ich diese in den Arm und taufte die Puppe Mia. Peter konnte es fast nicht glauben, denn er wurde mit einer Autorennbahn von Faller beschenkt. Annegret wurde immer nervöser – was würde denn sie bekommen? Tatsächlich kamen vier Figuren für das Kasperltheater aus der Tüte: Kasper, Räuber,

Gendarm und die Großmutter und ein zusammenklappbares Kasperltheater. Wir wussten, wenn Tante Lilo kam, war das beinahe schöner als Weihnachten.

Wir Kinder zogen uns sofort zum gemeinsamen Spiel zurück und somit hatten Mutter und Lilo Zeit, sich in Ruhe zu unterhalten und selbst aufgebrühten Kaffee und ein Stück von Mutters selbstgebackenem Gugelhupf zu genießen.

Der Unterschied zwischen Mutter und unserer Tante war schon ziemlich deutlich. Lilo trug immer die neueste Mode, Mutter dagegen gönnte sich selten ein neues Stück. Mutters Schuhe mussten bequem sein, Lilo trug meist sehr hohe Schuhe – auch in ganz auffälligen Farben. Die Haarfarbe bei Lilo wechselte öfter, mal kam sie mit „wasserstoffblonden Haaren" a la Marilyn Monroe, dann wieder mit roten Haaren wie Edith Piaf oder wenn dunkle Haarfarben in Mode waren, trug sie die Haare pechschwarz. Unsere Mutter hingegen hatte immer die gleiche braune Naturfarbe und ihre Naturlocken umschmeichelten ihr Gesicht – für uns war Mutter trotzdem die schönste Frau der Welt.

Als Papa abends nach Hause kam, wirkte er an diesen Tagen gar nicht so müde wie sonst, nein, er war heiter und sehr unterhaltsam während des Abendessens und danach. Er und Mutter bekamen auch noch ihre Geschenke wie erwartet. Lilo sagte nur: „Ihr müsst euch öfter etwas gönnen!" Mutter meinte dann immer: „Du hast gut reden, wir haben drei Kinder, nur einen Verdienst und das Haus zahlt sich nicht von alleine ab".

Am ersten Abend, an dem Tante Lilo zu Besuch war, durften wir Kinder etwas länger aufbleiben. Am anderen Morgen fuhren wir dann meist mit der Tante in die 80 Kilometer entfernte Landeshauptstadt, denn dort besuchten wir den Zoo. Wir Kinder genossen die Fahrt in Tantes neuem Auto. Außerdem waren wir ohne unsere Eltern unterwegs und das war besonders schön. Im Zoo hatten wir ganz viel Freude und die Zeit verging im Nu. Danach fuhren wir in die große, für uns Kinder fremde Stadt. Zuerst besuchten wir eine Eisdiele und jeder von uns durfte sich drei Kugeln Eis aussuchen. Bei uns zu Hause gab es immer nur eine Kugel Eis. Anschließend mussten wir uns ganz sauber die Hände waschen, damit wir keine Flecken auf Lilos zitronengelbes Sommerkleid machten. Danach ging es immer zu einem Bekleidungsgeschäft für Kinder. Wir Mädchen freuten uns schon sehr darauf, doch unser kleiner Bruder Peter war nicht so begeistert, denn ständig Hosen oder Hemden anpro-

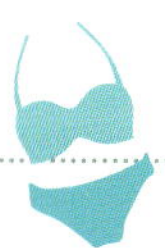

bieren zu müssen, war nicht so nach seinem Geschmack. Doch da musste er jetzt durch. Annegret und ich bekamen wunderschöne Sommerkleidchen, die ziemlich kurz waren, passende Strickwesten sowie Sandalen und Lackschuhe. Peters Augen glänzten, als er eine Lederhose erblickte, und deshalb durfte er sich diese Hose mit einem passenden karierten Hemd, einem Trachtenjanker und Haferlschuhe aussuchen.

Jetzt waren wir aber ziemlich müde vom vielen Einkaufen und wir freuten uns, bald nach Hause zurückzufahren. Auf dem Weg zum Parkplatz, an dem ein alter Mann als Parkwächter arbeitete, bekam jeder von uns noch eine Flasche Bluna – nicht gemeinsam, sondern jeder eine Flasche für sich allein.

Kaum waren wir ins Auto eingestiegen, schlief Peter tief und fest, doch wir beiden Mädels wollten keine Schwäche zeigen und kämpften tapfer gegen die Müdigkeit. Als wir wieder zu Hause waren, zogen wir schnell unsere ausgewählten Kleider an und ließen uns von unseren Eltern bewundern.

Als wir glücklich und müde in unseren Betten lagen, hörten wir, wie Mutter zu Tante Lilo sagte: „Du sollst doch nicht immer so viel Geld ausgeben!" Tante Lilo lachte laut und erwiderte: „Was glaubst du, wenn ich drei solche Prachtstücke von Kindern hätte, dann würde ich ein Vermögen ausgeben – lass mir doch diese Freude einmal im Jahr".

Tante Lilo blieb insgesamt immer drei Tage und danach reiste sie wieder nach Berlin. Wir freuten uns schon sehr auf ihren nächsten Besuch bei uns, denn sie war unsere „Lieblingstante", mit der wir immer eine ganz besondere Zeit erleben durften.

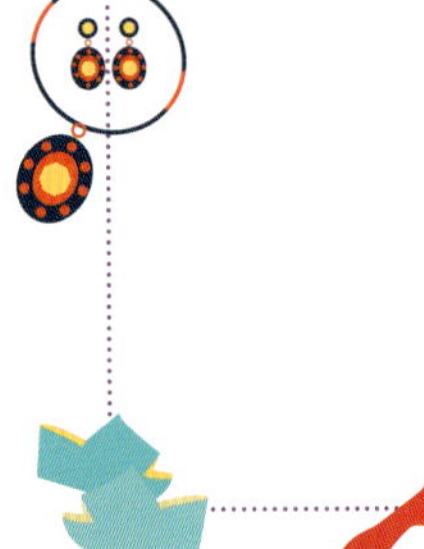

Mein Neckermann Katalog

EINFÜHRENDE FRAGEN

- Welchen Katalog gab es bei Ihnen im Haus?
- Was haben Sie sich besonders gerne aus dem Katalog bestellt?
- Welche Erfahrungen haben Sie mit „bestellter Ware" gemacht?

In den 60er-Jahren kam zwei Mal im Jahr der Versandhauskatalog per Post ins Haus. Wie wurde diese Lieferung sehnsüchtig erwartet, denn in diesen dicken Katalogen konnte Karin stundenlang blättern.

Der Postbote musste ganz schön schleppen, denn die Kataloge der bekannten Versandhäuser waren bis zu 1600 Seiten dick. Die Kataloge erschienen im März mit der aktuellen Frühjahr-Sommerkollektion und im September mit der Herbst-Winterkollektion.

Als dieser dann im Briefkasten lag, informierte Karin sofort ihre Freundin Anne und an diesem Nachmittag wälzten die beiden modebewussten Frauen stundenlang die Kataloge, um über die neuesten Modetrends informiert und auf dem neusten Stand zu sein.

Was es da alles zu entdecken gab. Im Sommer war der Katalog besonders begehrt, denn zuerst wurde die aktuelle Bademode genau auf den Prüfstand gestellt. Was für knappe Bikinis es doch gab – da waren sich Karin und Anne sofort einig, dass sie diese auf keinen Fall tragen würden, denn zu viel Haut zu zeigen, war ja ziemlich unschicklich. Da kamen die Badeanzüge, die in diesem Jahr besonders farbenfroh erschienen, schon viel besser an. Sogar passende Badehosen für ihre Männer gab es und so ein „Partnerlook" war schon der „Neueste Schrei".

Die flotten Sommerkleider auf Seite 47, die in diesem Jahr ziemlich viel „Dekolleté“ zeigten und die schwungvoll den Körper umspielten, um die tadellose Figur der Freundinnen zu zeigen, mussten unbedingt bestellt werden.

Karin, die gerne Bermudas trug oder „Flatterröcke“, kam aus dem Staunen nicht mehr heraus. Mäntel, Jacken, Pullover und Sportkleidung, alles konnte bequem zu Hause in der Küche im Katalog ausgesucht und ganz einfach und in Ruhe bestellt werden. Der Bestellschein wurde immer gleich mitgeliefert und nachdem man die Bestellung per Post abgeschickt hatte, dauerte es meist so etwa zwei Wochen, bis die Lieferung angekommen war. Na ja, nicht immer kam alles auf einmal, sondern oftmals auch in unterschiedlichen Lieferungen. Das war doch ziemlich ärgerlich, denn häufig gab es Verzögerungen aber das Schlimmste war, dass man jedes Mal extra Porto und Verpackung bezahlen musste.

Ganz besonders spannend waren natürlich die Seiten mit der Unterwäsche und den Miedern. Was für schöne Spitzenunterwäsche in den Farben hellblau, rosarot oder ganz außergewöhnlich in schwarz oder rot konnten dort bestaunt werden. Weder Karin noch Anne hätten den Mut aufgebracht, in der Stadt in einem Miedergeschäft besonders ausgefallene Teile einzukaufen. Nicht auszudenken, wenn sie jemand aus dem Bekanntenkreis dabei gesehen hätte. Umso unverfänglicher war es deshalb, diese „besonderen Kleidungsstücke“ zu bestellen. Wie hieß doch der Werbespruch von Neckermann: „Neckermann macht´s möglich“! und genauso war es auch.

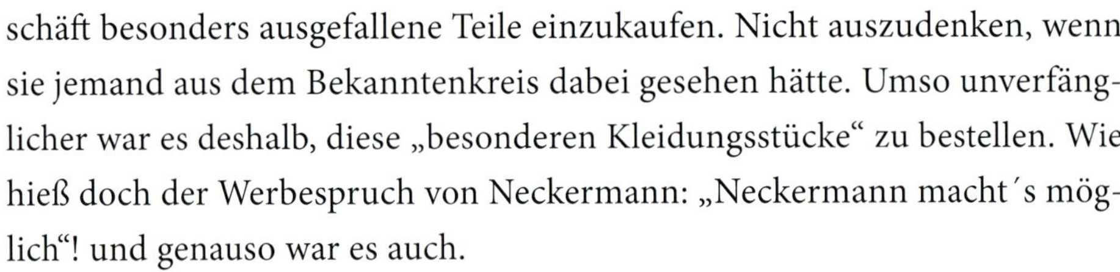

Ziemlich abgegriffen waren die Seiten mit den Schuhen. Welche Frau träumt nicht ständig von schönen Schuhen? Die bequemen Schuhe für den täglichen Bedarf kauften die Freundinnen im örtlichen Schuhgeschäft, doch extravagante Schuhe mit einem höheren Pfennigabsatz oder Lackschuhe, die bestellten sie meist aus dem Katalog.

Auch Kinderkleidung wurde sehr gerne beim Versandhandel bestellt. Wie anstrengend war es immer, mit den Kindern in ein Kindermodengeschäft zu gehen. Meist quengelten sie nach kurzer Zeit und wollten nichts mehr anprobieren – das ließ sich zuhause viel besser durchführen.

Auch Bettwäsche in den modernsten Designs gab es im Katalog zu bestellen. Häufig viel moderner als beim Händler vor Ort.

Hosen, Hemden oder Jacken für die Männer konnten ebenfalls bequem aus dem Katalog ausgesucht werden, denn die Männer der beiden Frauen gingen sehr ungern mit in ein Geschäft um dort Kleidung selbst auszusuchen. Wenn in der Stadt eingekauft wurde, dann brachten die Frauen immer eine Auswahl mit nach Hause und das war gut so. Deshalb war auch hier die Katalogbestellung äußerst praktisch.

Die Werbeslogans vom Versandhaus „Quelle" lautete: „Such in Ruh die Sachen aus, alles bringt die Post nach Haus" oder „Darum sei helle und bestelle gleich den Katalog bei Quelle" passten sehr gut in diese Zeit.

Sogar die Kittelschürze für Oma konnte bequem ausgesucht werden.

Jedes Jahr wurden neue Artikel ins Sortiment aufgenommen. Jetzt wurden auch Kühlgeräte, Rundfunkgeräte, Fernseher und Kleinmöbel angeboten und diese Artikel interessierten sogar die Männer im Haus.

Die Fernsehwerbung Ende der 60er-Jahre, bei der ein junges Ehepaar mit dem Satz „Unser Fernsehgerät ist von Neckermann" geworben hat bestätigte, dass man gute Qualität für wenig Geld bekommen kann. Das hörte sich natürlich sehr überzeugend an.

Nicht nur der Sommerkatalog war begehrt, denn nicht selten durfte man sich die Weihnachtsgeschenke ebenfalls im Katalog aussuchen. Die Kinder liebten die Spielwarenseiten mit den Kaufläden, Puppen, Autos oder Eisenbahnen und durften sich dann eine Wunschauswahl ankreuzen. Nicht selten lag dann das eine oder andere Spielzeug unter dem Weihnachtsbaum.

Neben dem Neckermann Katalog wurde natürlich auch bei Quelle, Wenz, Klingel, Otto oder Schöpflin Hagen bestellt. Meist waren es spezielle Schwerpunkte, die es bei den einzelnen Anbietern zu kaufen gab.

Nicht zu vergessen ist die „Sammelbestellerin". Das war eine Frau aus der Umgebung, bei der man den eigenen Bestellschein abgeben konnte. Diese hat alle Bestellungen gesammelt und dann von mehreren Haushalten gleichzeitig abgeschickt. Die Ware wurde dann zu diesem „Depot" geliefert und das war sehr praktisch, denn somit konnte man sich die Porto- und Verpackungsgebühren sparen. Auch wenn etwas zurückgeschickt werden musste, was leider auch ziemlich häufig vorkam, konnte man es zu dieser Frau bringen, die dann

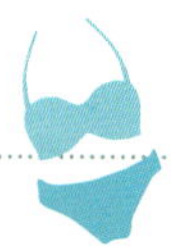

ebenfalls die Rücksendung erledigte. Diese Frau bekam meist eine kleine Verkäuferprovision, was oftmals den kleinen Nachteil mit sich brachte, dass sie je nach „Verkaufstalent“ ziemlich häufig an den Haustüren klingelte, um die Käuferinnen zum erneuten Bestellen zu animieren.

Die Zeit der Katalogbestellung ist mittlerweile vorbei, doch viele denken noch gerne an die schönen Abende zurück, in denen man im Katalog geblättert und sich jeden Pfennig mühsam abgespart hatte, um endlich die Wunschbestellung abschicken zu können.

Minirock und Tupfenkleid

EINFÜHRENDE FRAGEN

- An welches „ausgefallene Kleidungsstück" erinnern Sie sich gerne?
- Wer war Ihr Modevorbild?
- Wo haben Sie Ihre Mode gekauft?

Was für eine Sensation! In den 60er-Jahren eroberte der Minirock die Welt. Susi und Ruth hatten gerade die Schulzeit beendet und standen kurz vor ihrem Berufseinstieg. Ruth hatte bei der Krankenkasse einen Ausbildungsplatz bekommen und Susi startete mit einem Berufspraktikum zur Krankenschwester.

Beide Freundinnen fuhren mit dem Bus häufig in die nahegelegene Großstadt, denn dort konnte man stundenlang in den Kaufhäusern die neusten Kleider, Hosen oder Röcke anprobieren. Na ja, gefallen hätte den beiden so manches, doch der Einkaufserfolg hing meist vom Inhalt der Geldbörse ab. Deshalb wünschen sich die Mädchen zum Geburtstag oder zu Weihnachten immer einen Geldbetrag.

Susi und Ruth hatten beide im Mai Geburtstag und deshalb konnten sie sich aus der aktuellen Sommerkollektion das eine oder andere moderne Kleidungsstück erwerben.

Am Samstag ging es schon früh am Morgen zum Einkaufen. Als die beiden in der Stadt ankamen, herrschte dort ein reges Treiben und die Gehwege waren ziemlich belebt. Wie liebten es die Freundinnen, an den großen Scheiben der Schaufenster entlang zu bummeln und die Schaufensterpuppen, die mit den aktuellsten Modelkreationen bekleidet waren, zu bestaunen. Ein Kauf-

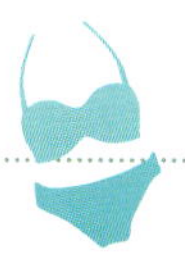

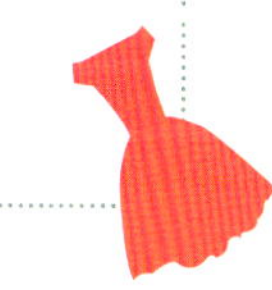

haus stand neben dem anderen. Karstadt, Horten, Merkur oder Hertie waren einige der großen Kaufhäuser.

Hier in der Stadt kleideten sich die Leute auch ganz anders als zu Hause auf dem Land. Es gab Kleidungsstücke, die hatten die beiden noch nie gesehen. Das auffälligste war die Länge der Kleider und Röcke. Zuerst dachten sie, das Mädchen, welches neben ihnen am Schaufenster stand, hätte ein viel zu kurzes Kleid an, da sie zu schnell gewachsen war – doch dem war nicht so. Die beiden schauten sich um und bemerkten, dass sich die Rocklänge generell ziemlich verkürzt hatte.

Susi und Ruths Rock endete mindestens drei bis fünf Zentimeter unterhalb des Knies. Die Schaufensterpuppen trugen Röcke, die bis zu zehn Zentimeter über dem Knie endeten – skandalös!

So etwas hatten sie noch nie gesehen und das würden sie sicherlich auch nie tragen.

Jetzt wurde es aber endlich mal Zeit, um in ein Kaufhaus zu gehen.

Wenn man einen von diesen großen „Einkaufstempel“ betrat, fühlte man sich sofort in eine völlig andere Welt versetzt. Zu Hause in der kleinen Stadt gab es nur ein familiengeführtes Textilgeschäft mit der Modekollektion für Mutter oder Großmutter. Wie gut, dass die Mädchen immer wieder in die große Stadt zum Einkaufen fuhren.

Was es hier alles zu kaufen gab? Damenoberbekleidung, Herrenkleidung, Parfüm, Unterwäsche und Mieder, Taschen und Koffer, Bettwäsche, Handtücher, Stoffe, Haushaltsgegenstände, Schmuck, Bücher, Schreibwaren und noch vieles mehr. Zuerst betraten die Mädchen die Abteilung für Damenoberbekleidung. Wunderschöne Kleider gab es dort zu bestaunen. Häufig waren es weiße Kleider mit roten oder blauen Tupfen oder roter und blauer Stoff mit weißen Tupfen. Zu den Kleidern gab es passend ein Haarband im selben Stoff. Das sah sehr frisch und flott aus. Manche Kleider hatten am Hals einen Kragen und die Verkäuferin sprach dann vom „Bubikragen“. Auch diese Mode hatten die Mädchen bisher noch nicht gesehen. Aber die absolute Sensation der Sommermode war tatsächlich die Länge der Kleider. Die flotte Mode endete weit über dem Knie – unvorstellbar. Susi, die mutigere der beiden, wollte sofort so ein Kleid anprobieren und blickte sich suchend nach einer Verkäuferin um. Da kam auch

schon eine total modisch gekleidete junge Verkäuferin und mit ihr zusammen suchten sie drei Minikleider aus.

Gemeinsam gingen sie zu den Umkleidekabinen und Susi verschwand hinter dem Vorhang. Sie traute sich zuerst gar nicht aus der Kabine heraus, denn das Kleid war ziemlich kurz und man sah sehr viel von ihren wohlgeformten Oberschenkeln. Ruth konnte es fast nicht erwarten und zog schon den Vorhang etwas zur Seite. Susi kam ganz langsam heraus und betrachtete sich vor dem großen Spiegel. Ihr wurde ganz heiß und sie bekam ganz rote Wangen und heiße Ohren. Wäre das vielleicht zu skandalös, wenn sie so in ihrer Heimatstadt angezogen wäre? Die Verkäuferin war völlig begeistert und meinte, dass diese Minikleider Susi sehr gut stehen würden. Susi drehte sich noch etwas verhalten vor dem Spiegel, doch auch Ruth ermunterte sie und mit jedem Minikleid oder auch Minirock fühlte sich Susi immer besser. Jetzt probierte sogar Ruth, die modisch nicht immer so mutig war, ein Minikleid nach dem anderen an und auch ihr stand diese kurze Mode ausgezeichnet. Einige der anderen Verkäuferinnen kamen noch zu den Umkleidekabinen und bestaunten die beiden Mädchen. Auch für das Verkaufspersonal war es eine neue Situation, denn bisher war die Rocklänge ja deutlich länger. Susi und Ruth waren begeistert über so viele Komplimente und kauften sich beide ein Minikleid mit passendem Haarband. Die Kleider waren zwar ähnlich in der Form, aber eins hatte rote und das andere blaue Tupfen. Jedes Mädchen kaufte sich jetzt noch die passenden weißen Schuhe dazu. Susi entschied sich für Pfennigabsätze, Ruth für flache Lackschuhe.

An der Kasse wurden ihnen ganz schwindlig, denn dieser Einkauf riss schon ein großes Loch in ihre Geldbörsen. Jetzt konnten die beiden keine weiteren Einkäufe mehr tätigen. Sie trugen ihre Tüten mit viel Stolz zurück zur Bushaltestelle und da sie noch etwas Zeit hatten, kaufte sich jedes der Mädchen noch ein Softeis. So etwas Leckeres konnte man sich nur in der Stadt kaufen.

Ziemlich erledigt stiegen sie wieder in den Bus ein und fuhren nach Hause. Mit jedem Kilometer, der sie näher nach Hause brachte, stieg auch ihre Aufregung wegen der sehr kurzen Minikleider. „Was würden ihre Eltern wohl dazu sagen“?

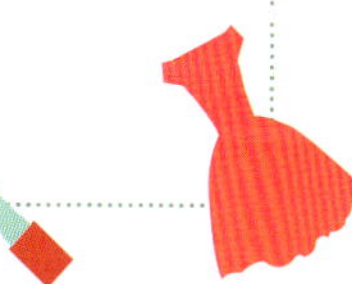

Sie sprachen sich gegenseitig Mut zu und verabschiedeten sich an der Bushaltestelle. Die Spannung stieg.

Susis Mutter war gerade im Garten beschäftigt und der Vater reparierte das Gartentor. Sie freuten sich, dass Susi erfolgreich eingekauft hatte, und waren gespannt auf die Präsentation der Kleidungsstücke. Susi zog in ihrem Zimmer das neue Minikleid an, band sich das Tuch in die Haare und zog ihre weißen Schuhe an. Vor dem Spiegel im Flur versuchte sie, so gut wie möglich, am Kleid zu ziehen, damit es etwas länger wurde – allerdings ohne großen Erfolg. Selbstbewusst trat sie vor die Haustür, um ihren Eltern, die noch im Garten arbeiteten, ihre Mode zu präsentieren. Mutter stieß vor Schreck einen lauten Schrei aus und ihr Vater ließ sein Werkzeug fallen. Oh je, das war kein gutes Zeichen. Mutter schaute sich aufgeregt um, ob jemand von den Nachbarn zu sehen war, stürzte auf Susi zu und zog diese sofort ins Haus. Mit einem lauten „Rumms“ fiel die Haustür hinter ihnen ins Schloss. Dann ging es los. Mutter ließ keinen Zweifel daran, dass ihr die Kleiderlänge nicht gefiel. „So ein schönes Kleid doch viel zu wenig Stoff“, schrie sie entsetzt. „Mit diesem Fetzen kommst du mir nicht aus dem Haus – was sagen denn da die Leute“! Susi begann zu weinen, doch das half nichts. Dieses Minikleid durfte Susi nicht tragen – Vater sprach ein Machtwort. Susi zog sich weinend in ihr Zimmer zurück und kam an diesem Abend nicht mehr heraus. Bei Ruth lief es etwa gleich ab. Auch sie bekam striktes Verbot, dieses Kleid zu tragen. Das war so gemein!

Diese neue Mode war in der kleinen Stadt noch nicht angekommen. Es dauerte noch einige Monate, bis es Susi und Ruth endlich gelang, ihre Eltern davon zu überzeugen, dass das die neue Mode war. Den Eltern gefiel diese kurze Länge der Kleider und Röcke zwar überhaupt nicht, aber je näher der Sommer kam, desto mehr verbreitete sich der Minirock und dann durften auch Susi und Ruth ihre neuen modischen Minikleider tragen, für die sie sehr viel Komplimente bekamen.

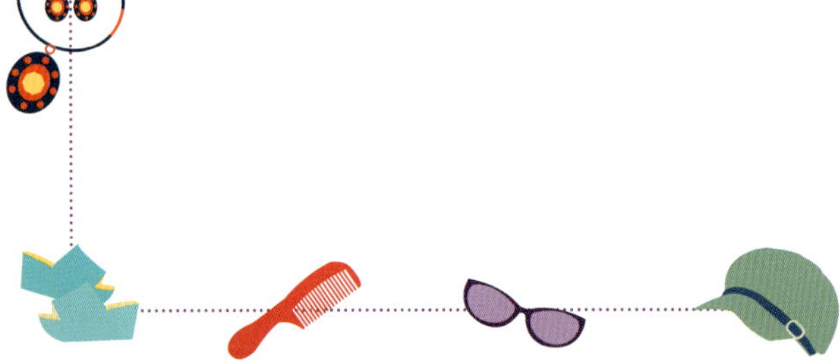

Schule ade

EINFÜHRENDE FRAGEN

- **Wie wurde Ihre Schulentlassung gefeiert?**
- **Wer begleitete Sie zum Bewerbungsgespräch?**
- **Wer hat bei Ihrer Berufswahl mitentschieden?**

Endlich war es soweit. Kurz vor den Sommerferien konnte Helgas Schulentlassung gefeiert werden. In ihrer Heimatstadt gab es eine Schule für Mädchen und eine separate für die Jungen.

Am Morgen wurde der Eingangsbereich der Schule feierlich mit großen Buchsgirlanden geschmückt und das Rednerpult mit einem großen Nelkengesteck verziert. Es herrschte ein reges Treiben im Schulhaus und der Schulchor probte im Musikzimmer.

Die Mädchen der beiden Abschlussklassen waren an diesem Vormittag kaum wiederzuerkennen. Schicke Hochsteckfrisuren oder frisch geschnittene Bubiköpfe, ziemlich viel Schminke im Gesicht und flotte Kleider, so erschienen die jungen Fräulein heute im Schulhaus. An den Füßen trugen einige Pfennigabsätze über die sich der Hausmeister überhaupt nicht freute, denn er betrachtete mit Sorge seinen Linoleum Bodenbelag.

Üblicherweise roch es im Schulhaus nach Bohnerwachs, doch heute duftete das ganze Schulhaus nach Parfüm.

Die Mädchen waren voller Freude, die Schule hinter sich gebracht zu haben, und waren gespannt auf das große, aufregende Leben der Berufswelt, das nun vor ihnen lag. Alle lachten und redeten durcheinander und es war ziemlich lebhaft.

Allmählich kamen auch die Eltern der Schulabgängerinnen oder häufig nur die Mütter, weil es ein Werktag war, um bei diesem Festakt dabei zu sein. Die Spannung stieg von Minute zu Minute.

Die Klassenlehrerinnen, Frau Schmitz in einem grauen Kostüm, und Frau Müller in einem dunkelblauen Jackenkleid, forderten die Mädchen auf, ihre Plätze in den reservierten vorderen Reihen einzunehmen. Helga saß zwischen ihren besten Freundinnen Lisa und Irmgard. Dahinter saßen die Eltern und die Lehrerinnen und Lehrer der Schule.

Der Festakt begann mit dem Schulchor. Herr Fiedler, der Musiklehrer, trug heute einen etwas ausgebeulten Anzug, was völlig ungewöhnlich war. Wahrscheinlich durfte er heute zur Feier des Tages seinen Lieblingspullover, der ziemlich verwaschen und an den Ellbogen schon geflickt war, nicht tragen. Die Schülerinnen des Chors trugen weiße Blusen und blaue Röcke oder Hosen – das sah sehr festlich aus. Ihr Gesang war zu Beginn noch etwas verhalten, doch Herr Fiedler gestikulierte und dirigierte, sodass die anfängliche Zurückhaltung etwas weniger und der Gesang bedeutend beherzter wurde.

Danach kam die Direktorin und hielt eine beeindruckende Rede. Fräulein Feuerbach konnte sehr gut Reden halten und jedem Wort, welches sie an die Schülerinnen der Abschlussklasse gerichtet hatte, wurde aufmerksam gelauscht. Sie sprach von den Chancen, die die jungen Mädchen nun hatten, und dass sie diese sinnvoll nutzen sollten. Der Grundstein für ein gutes, selbstbestimmtes Leben wäre nun gelegt. Es war ziemlich ergreifend. Helga passte ganz genau auf, um auch kein Wort zu verpassen – sie bekam vor lauter Aufregung schon ganz kalte Hände.

Anschließend kam die feierliche Zeugnisübergabe. Jedes Mädchen wurde einzeln aufgerufen und durfte nach vorne treten. Das Zeugnis überreichte jeweils die Klassenlehrerin und anschließend gratulierte die Direktorin jedem Mädchen persönlich. Das war schon etwas ganz Besonderes. Die Klassenlehrerin der jeweiligen Klasse gab jedem Mädchen ein paar persönliche Worte mit auf den Lebensweg und deshalb dauerte diese Zeremonie relativ lange. Helga war schon sehr aufgeregt, endlich ihren Namen zu hören, und musste sich konzentrieren, diesen nicht zu verpassen. Als dann ihr Name genannt wurde, stand sie auf und das breite Grinsen in ihrem Gesicht verriet allen Teilneh-

mern im Raum, dass sie sich sehr freute. Jetzt nur nicht vor allen Leuten stolpern, denn die Zeugnisübergabe fand auf einem kleinen Podest statt. Sicher oben angekommen, bekam sie ihr Zeugnis mit sehr guten Noten überreicht. In Mathe und Deutsch hatte sie mit einer glatten Zwei abgeschlossen, wohingegen sie das Fach Hauswirtschaftslehre mit einer Eins absolvierte. Das machte sie besonders stolz, denn sie fühlte sich für ihre Zukunft sehr gut gerüstet. „Gut gemacht Helga", meinte die Klassenlehrerin und auch die Direktorin verabschiedete Helga mit den besten Glückwünschen für ihre Zukunft. Das war es dann wohl mit der Schule.

Anschließend hielt die Schülersprecherin Jutta eine kurze Abschlussrede. Sie bedankte sich bei der Direktorin Fräulein Feuerbach, den Lehrerinnen und Lehrern, den Eltern und dem Hausmeister für die liebevolle Unterstützung während der gesamten Schulzeit. Sie brachte zum Ausdruck, dass die Schulzeit sicherlich für alle eine unvergessliche Zeit gewesen sei und sie hoffe, dass die Freundschaften der Schülerinnen untereinander auch im weiteren Leben bestehen bleiben würden. Es war eine sehr persönliche Rede.

Danach sang noch einmal schwungvoll der Schulchor, um die Feier zu beenden und zum kalten Buffet überzuleiten.

Jede der Schülerinnen hatte etwas dazu beigetragen und es standen herrliche Köstlichkeiten für jeden Geschmack auf dem meterlangen Buffet. Helga hatte extra ihren Lieblingskuchen gebacken, der innerhalb kürzester Zeit verspeist wurde, weil er so lecker schmeckte.

Zur Feier des Tages bekam jedes der Mädchen ein Glas Sekt mit Orangensaft, um diesen besonderen Tag zu unterstreichen. Eigentlich trank Helga nie Alkohol, aber dieses Glas Sekt hatte sie in vollen Zügen genossen.

Die Freundinnen standen noch lange beisammen, um sich mit den Lehrerinnen und Lehrern auszutauschen, bevor sie sich dann endgültig aus dem Schulalltag verabschiedeten. Der Abschied war bei manchen Schülerinnen tränenreich, denn viele Jahre gemeinsamen Lernens und Feierns und ein Teil der Kindheit waren nun doch vorbei. Es folgte ein Schritt in die berufliche Zukunft, die für die Schülerinnen das Leben nun deutlich verändern würde.

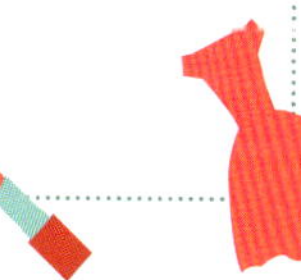

Tanze mit mir in den Morgen hinein

EINFÜHRENDE FRAGEN

- Wo haben Sie das Tanzen gelernt?
- Wie wurde der Tanzstundenball gefeiert?
- Welches Kleid haben Sie zum Tanzstundenball getragen?

Nach den Sommerferien war es endlich soweit. Zu Beginn der neunten Klasse durfte man den Tanzkurs besuchen. Selbstverständlich nur diejenigen, die es auch wollten. Allerdings konnte es sich auch nicht jede Familie leisten, denn die Teilnahmegebühr kostete 75 Mark und das war in den 60-Jahren ziemlich viel Geld. Hinzu kamen dann auch die Ausgaben für die festlichen Kleider oder Anzüge, welche zu den Abschlussveranstaltungen getragen wurden.

Ulrike, Petra und Monika fieberten dem Beginn schon entgegen. In der Stadt gab es die bekannte Tanzschule Flott und dort fand der wöchentliche Tanzkurs statt. Donnerstagabend um 18.00 Uhr war es dann soweit. Die Freundinnen berieten lange, was sie denn anziehen sollten, und der Nachmittag war mit Kleideranprobe und unterschiedlichen Frisurenvorschlägen ausgefüllt.

Zehn Minuten vor Beginn wurde die Tanzschule geöffnet und die angemeldeten Jugendlichen strömten hinein. Herr Flott und seine Partnerin Frau Huber standen am Eingang und begrüßten jeden der Jugendlichen persönlich. Sie zeigten ihnen die Umkleidekabinen – nach Geschlecht getrennt – die Bar für die Pause und den großen Tanzsaal.

An den Wänden waren große Spiegel angebracht, damit man sich beim Tanzen auch sehen konnte – das war zu Beginn ziemlich irritierend. Außerdem

waren Stühle entlang den Wänden aufgestellt, auf denen alle Platz genommen hatten. Ulrike blickte etwas irritiert in die Runde, denn es gab deutlich mehr Mädchen als Männer. Damit hatte sie nicht gerechnet.

Herr Flott und seine Partnerin erklärten den Tanzschülern, dass man beim Tanzen unbedingt auch auf gute Umgangsformen achten sollte und da fielen Petra die Erzählungen ihrer Großmutter ein. Diese berichtete, dass die Tanzstunde früher auch „Anstandsschule“ genannt wurde.

Jetzt ging es los. Heute standen für alle der langsame Walzer und der Jive, ein flotter Modetanz, auf dem Plan. Herr Flott demonstrierte die Männerschritte und Frau Huber die Frauenschritte des Walzers. Am Plattenspieler saß Herr Huber, der die passende Musik zu den Tänzen auflegte – es waren sehr schöne Melodien. Eigentlich sah das alles ganz einfach aus. Jetzt waren die Schülerinnen und Schüler an der Reihe. Die jungen Männer suchten sich ihre Tanzpartnerin aus. Puh, die drei Mädchen hatten Glück, denn die Jungs waren ziemlich flott und kamen zielstrebig auf sie zu. Diejenigen, die keinen Tanzpartner bekommen hatten, durften zuerst einmal zuschauen und dann später durch das sogenannte „Abklopfen“ einen Tanzpartner wählen. Abklopfen bedeutete, dass man auf ein Zeichen des Tanzlehrers hin, jemand auf die Schulter tippte, um mit diesem Partner dann zu tanzen.

Durch diese Methode mischten sich die Tänzerinnen und Tänzer gut durch. Ulrike hatte großes Glück mit den Tanzpartnern, bis sie zu Hans kam. Er war ein freundlicher, rotbackiger und etwas pummeliger Schüler aus der Parallelklasse – aber leider kein Tanztalent. Er war so unbeholfen bei der Schrittfolge, dass er ständig aus dem Takt kam und dann auch noch mit seinem ganzen Gewicht auf Ulrikes zierliche Füße trat. Vor Schreck und Schmerz schrie Ulrike laut auf. Hans war das so peinlich, dass er einen ganz roten Kopf bekam.

Zum Glück gab es jetzt eine kurze Pause, bei der man sich ganz lässig eine Sinalco oder eine Fanta an der Bar kaufen konnte.

Nach der Pause ging es weiter mit dem Jive. Das machte Spaß, denn das war ein flotter Tanz zu modernen Rhythmen. Wenn man dann auch noch einen guten Tanzpartner hatte, dann war die Welt in Ordnung. Die Zeit verflog sehr schnell und bald war es 20.30 Uhr und die erste Unterrichtseinheit war vorbei – wie schade.

Die Freundinnen konnten es fast nicht erwarten, bis der nächste Donnerstag kam. Am Nachmittag trafen sie sich wieder, um sich auf den Abend vorzubereiten. Die Kleiderfrage war dabei immer das Thema Nummer eins. Am liebsten trugen die Freundinnen einen Glockenrock oder ein Kleid mit ausgestelltem Rock, denn der leichte Stoff flog bei den Drehungen immer sensationell.

Ab dem zweiten Abend gab es zahlreiche „Aushilfsherren". Das waren junge Männer, die den Tanzkurs bereits absolviert hatten, gute Tänzer waren und in den Kursen, in denen Frauenüberschuss herrschte, gerne aushalfen. Das war gut so. Zu Beginn wurden die Tänze der vergangenen Stunden getanzt, die um Drehungen oder besondere Schritte erweitert wurden und kontinuierlich kam immer ein neuer Tanz dazu. Es folgten:

- Wiener Walzer,
- Foxtrott,
- Cha-Cha-Cha
- Rumba
- und Grundschritte des Tangos.

Die drei Freundinnen wurden auffallend häufig von denselben Jungen aufgefordert – das wurde von Herrn Flott nicht so gerne gesehen. Die Mädchen waren allerdings sehr glücklich mit dieser Wahl. Im Laufe der Zeit war zu beobachten, dass sich Paare bildeten, die in der Pause ziemlich oft beieinander standen. Nach der Tanzstunde, die immer um 20.30 Uhr endete, gingen allerdings alle schnell nach Hause, denn die Eltern warteten schon.

Die Zeit des Abschlussballs rückte immer näher und in den letzten vier Tanzstunden davor durften sich dann die Paare formieren, die gemeinsam an diesem besonderen Ball teilnehmen wollten. Hier war es Sitte, dass der junge Mann das Mädchen fragte, ob sie seine Begleitung sein möchte. Hoffentlich ging das gut und die drei Freundinnen werden auch von „ihren Traumprinzen" gefragt!

Sofort nach dem ersten neu erlernten Tanz durften die Jungen ihre Wahl bekanntgeben. Blitzschnell kamen die drei begehrten Jungen auf die Freundinnen zu und fragten diese, ob sie am Abschlussball ihre Tanzpartnerinnen sein

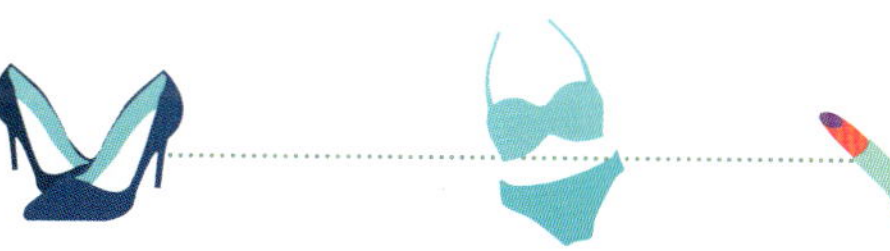

möchten. Da gab es kein Zögern – die Mädchen antworteten sofort mit einem deutlichen „Ja“ – was für ein Glück!

Nun kam die große Frage des Kleides. Es musste ein besonderes Kleid sein! Gemeinsam mit den Müttern fuhren die Mädchen in die nahegelegene größere Stadt, um sich ihre Traumkleider auszusuchen. Nach längerem Suchen fand jede der Freundinnen ein passendes Kleid und ihre passenden Schuhe. Schuhe mit hohen Absätzen, das war das Ziel. Diese Schuhe konnten zwar nicht im Alltag getragen werden, aber so ein Abschlussball ist ja auch ein ganz besonderer Anlass.

Als Nächstes wurden verschiedene Hochsteckfrisuren ausprobiert. Jutta, die Nachbarin von Ulrike, die als Friseurin arbeitete, griff in die „Trickkiste“ und zauberte, teilweise sogar mit passenden Haarteilen, beeindruckende Hochsteckfrisuren. Sie brachte aus dem Salon auch eine Auswahl von Düften mit – das war ein Luxus.

Jetzt stand dem Abschlussball nichts mehr im Weg. Neben den üblichen Tanzschritten wurde der Einzug der Paare geübt. Da war Herr Flott sehr streng, denn alles war perfekt aufeinander abgestimmt.

Am Abend wurden die Mädchen von den jungen Männern zu Hause abgeholt. Was für ein schönes Bild – die jungen Männer kamen im Anzug, trugen schwarze Schuhe mit Ledersohlen, perfekt sitzende Frisuren und überreichten ihren Tanzpartnerinnen einen schönen Blumenstrauß, welcher zum Kleid passte. Die Schulfreude sahen an diesem Abend viel älter als sonst auf dem Schulhof aus. Die Tanzpartner bekamen dann von den Mädchen auch ein Geschenk. Meist war es ein Taschenmesser, eine Taschenlampe oder ein Rasierwasser.

In der großen Festhalle stieg die Aufregung von Minute zu Minute. Dort spielte an diesem Ballabend eine bekannte Fünfmannkapelle. Der Einzug begann und alles war perfekt. Herr Flott und Frau Huber sahen ganz glücklich aus. Die ersten Tänze der Paare waren ein langsamer Walzer und ein Foxtrott. Dann war es üblich, dass die Mädchen ihre Väter und die Jungen ihre Mütter zum Tanz aufforderten. Davor hatten die meisten der jungen Leute großen Respekt, aber auch das klappte hervorragend.

Im Saal gab es Tischkarten, sodass die jungen Leute dann am Tisch beider Eltern saßen. Aber gesessen haben sie an diesem Abend so gut wie nie,

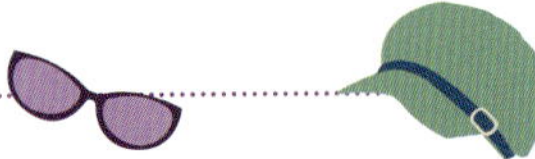

denn alle hatten viel Spaß am Tanzen oder trafen sich an der Bar. Was für ein Abend!

Ulrike und Monika fanden bei diesem Tanzkurs sogar den Mann fürs Leben und sind noch heute, viele Jahre danach, glücklich verheiratet.

Verkäuferin für Damenober-bekleidung

EINFÜHRENDE FRAGEN

- Welches war Ihr Traumberuf?
- Was sagt Ihnen der Begriff: „Lehrjahre sind keine Herrenjahre"?
- Was sagt Ihnen der Begriff „Berufsschule"?

Endlich war es soweit und Ursula hatte ihre achtjährige Schulzeit beendet. Raus aus der Schule und rein ins Berufsleben, das war ihr Ziel.

Zu Beginn des letzten Schuljahres war das ein wichtiges Thema im Hause Peters. Allerdings wurde nicht diskutiert und nach den Vorlieben gefragt. Nein, wichtig war, sofort einen Ausbildungsplatz zu bekommen, um nahtlos an die Schule anzuschließen.

Eigentlich wollte Ursula gerne Kindergärtnerin werden, doch da musste man Schulgeld bezahlen und das war nicht möglich, denn Ursula war die Älteste von vier Geschwistern. Außerdem hatte sie einen Bruder und der durfte auf die Mittelschule gehen, denn der sollte auch einmal einen guten Beruf erlernen, um eine Familie ernähren zu können. Vater vertrat die Meinung, dass Frauen keine höhere Schule besuchen sollten, denn die würden ja eh bald heiraten und Kinder bekommen, sodass sich diese Investition nicht „rentieren" würde. Ursula liebte ihren Vater, doch dass er bei diesem Thema so stur und kompromisslos blieb, darüber war sie sehr traurig.

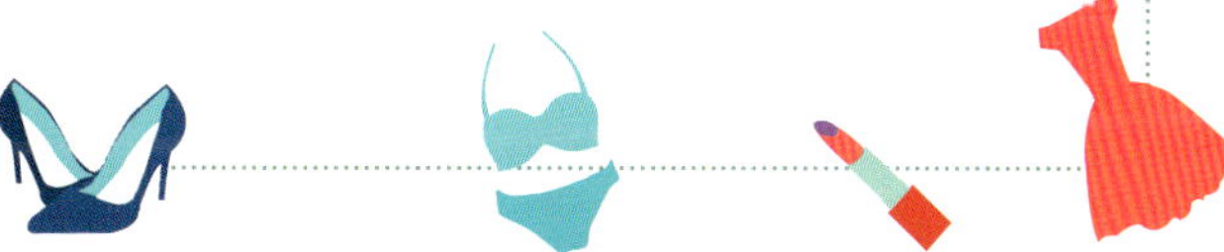

Mutter kaufte bei uns in der Stadt im Modehaus Müller ein. Dieses Modehaus wurde gerade um einen großen Anbau erweitert und Herrn Müller, den Inhaber, kannten die Eltern gut. Also war es beschlossene Sache, dass Ursula dort eine Lehre als Verkäuferin beginnen konnte.

Ein Vorstellungsgespräch, wie es üblicherweise geführt wurde, gab es nicht. Ursula ging mit ihrem Vater zum vereinbarten Termin und dabei wurde der Lehrvertrag sofort unterschrieben. Fertig – ohne Widerspruch!

Zu Hause gab es viele Tränen, doch das alles half nichts. Zwei Tage, nachdem Ursula aus der Schule kam, begann sofort ihre Ausbildung.

Am ersten Arbeitstag trug sie einen Faltenrock und eine weiße Bluse, denn der erste Eindruck zählte besonders. Zuerst kam sie in die Kurzwarenabteilung zu Fräulein Kuhn. Oh je, das war eine ziemlich strenge, ältere Verkäuferin, bei der es eigentlich nie etwas zu lachen gab. Mit strengem Blick erklärte sie Ursula die verschiedenen Aufgaben und als Ursula nach dem ersten Arbeitstag in der Nacht im Bett lag, träumte sie nur noch von Knöpfen, Gummilitzen, Nähseide, Vlieseline, Futterstoff und Stopfgarn. Völlig gerädert stand sie am anderen Morgen auf und konnte vor Aufregung beinahe nichts zum Frühstück essen. Dann schwang sie sich auf ihr Fahrrad und fuhr in die Stadtmitte. Arbeitsbeginn war um 7.30 Uhr. Nicht dass der Laden schon so früh öffnete, nein, am Morgen musste noch der Verkaufsraum gelüftet, die Scheren und Maßbänder auf den Verkaufstischen ordentlich ausgelegt, die Blumen gegossen und die abzuholenden Bestellungen bereitgelegt werden. Am Abend, nachdem die letzte Kundin den Laden verlassen hatte, war es selbstverständlich, dass die Lehrmädchen die Papierkörbe geleert, den Boden gekehrt und nass gewischt hatten. Eine Reinigungskraft gab es nicht. Die Fenster wurden in regelmäßigen Abständen ebenfalls von den Lehrmädchen geputzt. Meist am Samstagnachmittag, wenn das Geschäft um 14.00 Uhr geschlossen hatte.

Außerdem war es Aufgabe des jüngsten „Lehrlings“, so wurde man früher genannt, für die anderen Verkäuferinnen die Pausenverpflegung einzukaufen. Das war zu Beginn besonders schwierig, denn die unterschiedlichen Wünsche, die Backwaren bei verschiedenen Bäckern zu kaufen und die belegten Brötchen bei den Metzgereien zu besorgen und dann auch noch exakt abzurechnen, das war eine besondere Herausforderung.

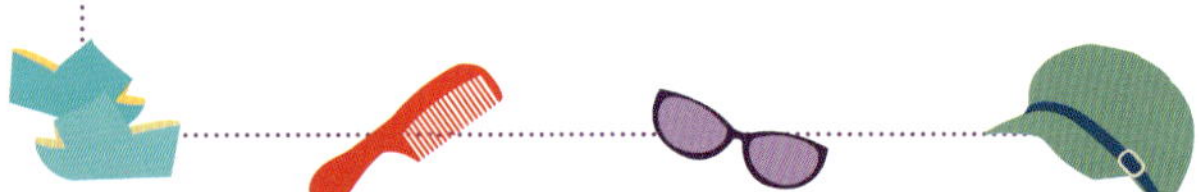

Jeden Morgen kamen Herr und Frau Müller, um jede Mitarbeiterin persönlich per Handschlag zu begrüßen, und dabei bekam Ursula vor Aufregung ziemlich heiße Ohren. Mit jedem Tag lernte Ursula mehr dazu und die anfängliche Aufregung legte sich ganz von alleine. Nach einigen Monaten durfte sie schon Stoffe von den großen Ballen abwickeln und als Meterware verkaufen. Zu Beginn unter den strengen Augen von Fräulein Kuhn.

Nach einem halben Jahr wurde Ursula dann in die Strumpfwarenabteilung versetzt. Dort war Fräulein Vaas die Chefin. Das war eine gutmütige ältere Dame, die ihre grauen Haare zu einem Dutt nach hinten gesteckt hatte und viel freundlicher als Frau Kuhn war. Bei ihr lernte Ursula den Unterschied der verschiedenen Wollsorten und wie man die Damen bei der Wahl der Feinstrümpfe oder Feinstrumpfhosen perfekt beraten konnte. Sogar das „Auffädeln von Laufmaschen" lernte ihr Frau Vaas. Das war eine besonders mühsame Arbeit.

Danach stand die Abteilung der Damenunterwäsche auf dem Ausbildungsplan. Oh, das war interessant. Welche Frau trägt welche Unterwäsche? In dieser Abteilung war Frau Engel die Chefin. Sie war eine sehr moderne jüngere Frau, die ihre roten Haare jeden Tag kunstvoll nach oben gesteckt hatte. Irgendwie war sie so ganz anders als die üblichen Verkäuferinnen. Sie führte Ursula in die „Geheimnisse" der Damenunterwäsche und Nachtwäsche ein. Seide, Nylon, Synthetik oder Baumwolle, je nach Kundenwunsch. Viele Frauen kauften die Unterwäsche in zartrosa oder hellblauer Farbe und die Größe der Unterhosen, auch Schlüpfer genannt, waren doch beträchtlich. Namen, wie Bleyle, Schiesser, May, Triumph, Hengella oder Susa, waren ihr bald alle bekannt.

Besonders in der Adventszeit hatten wir alle Hände voll zu tun. Da wurde ziemlich häufig Nachtwäsche oder Unterwäsche gekauft. Zu Beginn der Ausbildung war weiße Unterwäsche mit kleinem Blümchenaufdruck groß in Mode. Außergewöhnlich war die „besondere Unterwäsche" aus Nylon oder Seide, doch die hing ganz hinten an der Wand. Spannend war es dann, wenn ein Mann kam, wie der Herr Direktor von der örtlichen Sparkasse, und knallrote Seidenunterwäsche mit Spitze in der Größe 38 kaufte, wo die Frau Direktor doch sicherlich Größe 48 trug. Auch der Herr Direktor vom Finanzamt kaufte besonders teure halterlose Strümpfe und spitzenbesetzte Wäsche in einer kleinen Größe, die auch nach Weihnachten nicht von seiner Frau umgetauscht

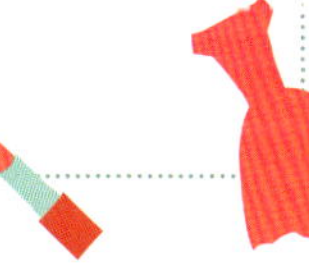

worden ist. Tja, da bekam man schon sehr spannende Einblicke in das Leben anderer Menschen.

Jede Abteilung war eine Herausforderung, doch es gefiel Ursula immer besser. Als sie im dritten Lehrjahr dann bei der Damenoberbekleidung angekommen war, hatte sie schon viel Erfahrung. Auch die unterschiedlichen Größen konnte sie ohne Probleme einschätzen und das Beraten machte ihr viel Freude. Auch hier kamen Kundinnen, die besondere Eigenheiten hatten. Frau Maier, zum Beispiel, kam immer zwei Tage nach Frau Huber, um sich dasselbe Kleid, allerdings in einer anderen Farbe, zu kaufen. Das musste einfach sein. Oder Frau Moll, die Kleidergröße 52 trug. Bei ihr musste man sofort nach ihrem Kauf die eingenähten Schildchen mit der Größe herausschneiden und die Schneiderin nähte dann immer Größe 44 ein. Darüber wurden alle Verkäuferinnen informiert und Frau Moll zog stolz von dannen mit Kleidern der Größe 44.

Einmal in der Woche hatte Ursula Berufsschule und diesen Tag hat sie sehr genossen. Als Verkäuferin war man den ganzen Tag auf den Beinen, treppauf, treppab, immer ein Lächeln auf den Lippen und das konnte ziemlich anstrengend sein. Allerdings war es üblich, dass man um 16.00 Uhr, als die Schule vorbei war, noch einmal in den Laden ging, um die abendlichen Aufgaben zu erledigen.

Noch vor ihrer Abschlussprüfung am Ende des dritten Lehrjahres kam Herr Müller auf Ursula zu, um ihr eine Anstellung in der Abteilung für Damenoberbekleidung anzubieten. Darüber freute sie sich sehr, denn mittlerweile hatte sie ihren Beruf so liebgewonnen, dass sie sich eine andere Aufgabe nicht mehr vorstellen konnte.

Nach einigen Jahren hat Ursula geheiratet und eine Familie gegründet, doch auch dann hat sie die Chance bekommen, noch einen halben Tag als Verkäuferin zu arbeiten. Als ihre Kinder dann selbstständiger wurden, durfte sie mit der Abteilungsleiterin zu den Modeschauen, um für die kommende Saison die Kleidung mit auszusuchen.

Heute ist Ursula noch immer in diesem Modehaus tätig und geht jeden Tag gerne zur Arbeit.

Mein besonderer Dank gilt …

meinem *Mann Xaver*, der mich wieder einmal mit viel Geduld begleitet und während meiner ganzen Zeit des Schreibens sehr entlastet und unterstützt hat.

Er hat mich ermuntert, während der Corona Zeit den lang in mir schlummernden Wunsch des „Frauenbuches" zu realisieren, und nahm sich immer Zeit, um mich bei der Umsetzung meiner Gedanken zu beraten. Seine Ideen waren sehr hilfreich und kreativ!

meiner *Tochter Verena*, die mich bei der Erstellung dieses Buches in allen technischen aber auch inhaltlichen Themen tatkräftig unterstützt hat und mir eine sehr wertvolle Hilfe war. Danke für deine „tollen Ideen" und deine Zeit, in der wir über viele Themen der 60er-Jahre diskutiert, recherchiert, aber vor allem auch viel gelacht haben.

Deine Anregungen und deine Korrekturen haben meinem Werk den richtigen „Schliff" gegeben.

meinem *Sohn Florian*, der sich für die „Rolle der Frau" während dieser Jahre sehr interessiert und die verschiedenen Themen aus der vergangenen Zeit mit viel Charme und Freude aufgenommen hat.

Er hat mir gezeigt, wie wichtig und interessant es auch für junge Leute ist, über Lebensgewohnheiten aus einer vergangenen Zeit zu sprechen. Wieder einmal hatte er viel Geduld, mir bei meinen „technischen Problemen" zu helfen.

meiner *Lektorin Bettina Schäfer* vom Vincentz Network, die sich spontan von meiner Idee, ein „Frauenbuch" zu schreiben, begeistern hat lassen.

Bei der Besprechung über die eine oder andere Geschichte haben wir uns häufig über zurückliegende Begebenheiten ausgetauscht, gelacht und eigene Erinnerungen eingebracht.

meiner *Grafikerin Rita Zottl*, die aus meinen Texten durch ihre kreativen Ideen wieder ein besonderes Buch geschaffen hat. Ihre ansprechenden Ideen geben dem geschriebenen Wort einen sehr lebendigen Ausdruck.

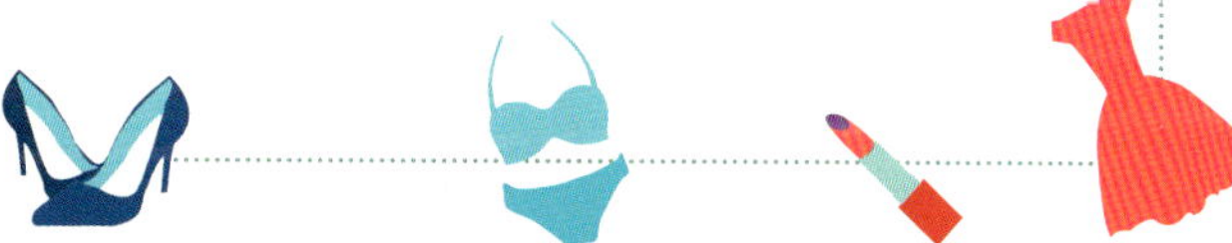

meinen Bewohnerinnen aus den verschiedenen Einrichtungen, die mehrfach und mit Nachdruck geäußert haben, nachdem ich ein „Männerbuch“ geschrieben habe, dass sie sich über ein „Frauenbuch“ sehr freuen würden.

Bei der Themenauswahl der abgedruckten Geschichten waren sie mit viel Freude und Eifer dabei.

Dieses Buch widme ich meinen Kindern Verena und Florian. Durch unsere zahlreichen Gespräche, durch eure Anregungen und durch eure Unterstützung ist das Buch zu dem geworden, wie es nun ist! Es hat so viel Freude gemacht zu sehen, mit welchem Interesse ihr die Situationen und Gewohnheiten aus den 60er-Jahren aufgenommen habt und dabei viel über diese Zeit erfahren wolltet.

DANKE dafür, das war für mich ein ganz besonderes Erlebnis.

Autorin

Maria Metzger ist Autorin von Fachbüchern und freiberuflich als Dozentin bei verschiedenen Trägern tätig.

Sie unterrichtet an Altenpflegeschulen im Bereich Aktivierung und Stressbewältigung, hält Seminare und Fachvorträge für Mitarbeiter in Seniorenheimen, Betreuungsassistenten, pflegende Angehörige, ehrenamtlich tätige Personen sowie Hospizmitarbeiter.

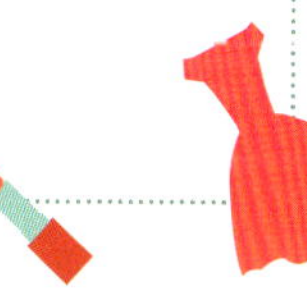

… weitere Titel der Autorin Maria Metzger

Unser Tipp

Aktivierungsblitz I – Gesprächsimpulse
Schnell, punktgenau und vielfältig
Maria Metzger

Der Aktivierungsblitz hilft Ihnen Brücken zu Senioren zu bauen: Mit kurzen Gesprächsimpulsen, die völlig ohne Vorbereitung einzusetzen sind. Mit Themen, die ankommen. Vom Haushalt über Feste im Jahresverlauf bis zu Märchen und Tieren. Die handlichen Klappkarten sind ideal für alle Pflege- und Betreuungskräfte.

2016, 56 Seiten, Spiralbindung, Format 10,4 x 14,8 cm
ISBN 978-3-86630-032-3, Best.-Nr. 20016

Aktivierungsblitz II – Gesprächsimpulse
Schnell, punktgenau und vielfältig
Maria Metzger

Die spontane Idee für die ersten Minuten der Gruppenstunde fehlt? Sie wollen schnell ins Gespräch kommen? Dann greifen Sie zum zweiten Band der Reihe „Aktivierungsblitz“ mit vielen neuen Gesprächsimpulsen. So garantiert der Aktivierungsblitz Ihnen spielend leichtes Aktivieren und gibt Sicherheit in jeder Situation.

2018, 56 Seiten, Spiralbindung, Format 10,4 x 14,8 cm
ISBN 978-3-86630-669-1, Best.-Nr. 20661

Aktivierungsblitz III – Gesprächsimpulse für Männer
Schnell, punktgenau und vielfältig
Maria Metzger

Bei welchem Kartenspiel wird „gereizt“? Welcher Fußballspieler war der „Bomber der Nation“? Spezielle Männerthemen finden sich in diesem Aktivierungsangebot. Im Blickpunkt stehen bekannte Männer, Hobbies, Feste, Arbeitswelt, Männerwelt, Genuss und Verkehr. Der Aktivierungsblitz lässt sich in der Einzel- oder Gruppenaktivierung einsetzen.

2019, 56 Seiten, Spiralbindung, Format 10,4 x 14,8 cm
ISBN 978-3-86630-786-5, Best.-Nr. 20839

Alle Bücher sind auch als eBook (ePub oder PDF-Format) erhältlich.

Jetzt bestellen!

Vincentz Network GmbH & Co. KG · Bücherdienst · Postfach 6247 · 30062 Hannover
T +49 511 9910-033 · F +49 511 9910-029 · www.altenpflege-online.net/shop